U0072488

漫畫 神奇的心理學

作者◎蔡宇哲、洪群甯

前言

讓生活更充滿興味

我喜歡心理學，因為這讓人驚嘆生活是多麼的奇妙與精采。心理學是一門很有趣的學問，談的是自己，還有每天都會遇見的人，所以學問就在生活中處處發生。比方說：我們要是看到一個嬰兒身旁放個玩具小汽車，總是會不假思索的認為這是個男孩，為什麼會這麼認定呢？報章媒體上常會看到明星宣稱哪種食物吃下去可以有很多好處，或是推銷某個產品多好用，但這些明星並不是專家，也不見得常使用這些產品，為何民眾還是會相信這些人的推薦呢？這些都與我們人的心理有關，人們為了能夠快速因應環境的變化，有著許多自動化的應對措施，而這些因應方法在大部分狀況下都是好的，但在少部分的情況下就會有點小差錯。當了解這些心理現象及其背後成因後，自然就較能夠得其利而不受其害。

可惜臺灣的學生在大學以前都不會有機會接觸到心理學，就算有，多半是零散看到關於精神異常或情緒障礙的相關文章，很容易誤解心理學都是在談這些異常狀況，但其實這只是心理學的一小部分而已，還有更多有趣又生活化的部分。很高興有這個機會寫一些有趣的心理學知識，希望藉此向讀者傳達心理學其實是一門很生活化、很有趣的科學知識，也是不分老幼都能夠了解並體會的實用知識。

這本書的出版還有另一個重大的教育意義。本書的另一位作者洪群甯，是本系的大學畢業生，熱愛心理學的推廣。我認為知識的推廣並不能只仰賴老師，學生也不是單純的知識接收者，還可以同時扮演知識傳遞者的角色。如果學生可以將所學的知識整理並傳達出來，對他而言在這過程當中會對所學的知識有更深刻的理解，也能夠獲得分享知識的喜悅。分享知識的學生越多，知識的傳遞才會越快、越廣。

懂心理學或許不會讓你考試考高分，無法讓你體育成績變好，但可以讓你更了解自己、覺得觀察周遭是件有趣的事、讓你對這世界充滿好奇，而這能讓生活增添更多的趣味與色彩。

歡迎來到有趣、神奇的心理學世界！

高雄醫學大學心理學系

蔡宇哲

目錄

Part 2 面對社會你我他

Part 3 儲存腦中的記憶

Part 4 你說的與我想的

Part 5 打造正向的世界

吃飽睡飽精神好

Part 1

忍住看漫畫的衝動吧！——棉花糖實驗

巧克力的誘惑，拒絕或接受？——珍貴的意志力

願望成真的要訣——目標計畫的重要

睡覺是浪費時間？——睡眠與表現

為什麼會常做夢？——睡眠與夢的關係

忍住看漫畫的衝動吧！
——棉花糖實驗

下禮拜就要考試了，阿三覺得應該要開始拿出課本來讀書，他對自己說不管怎樣都要抱個佛腳才行。他把課本拿出時看到了一本很喜歡的漫畫，心裡想：先把這本看完再開始讀書吧！然而這個決定彷彿是掉進了一個深淵，從原本的只打算看一本，變成再看一本、兩本、三本……，就這樣在這個夜裡，阿三的確是看了不少書，不過他讀的都是漫畫書而不是課本！

這樣的故事一點都不陌生，因為阿三彷彿是我們的化身一樣，在許多個應該要翻開課本讀書的夜晚，卻被漫畫、卡通、電腦、遊戲等干擾了。明明知道應該排除雜念、專心做正事，心裡卻一直有股衝動想擱下正事，來滿足內心的欲望。心理學家對研究這種控制內心衝動的能力非常感興趣，其中有個經典的「棉花糖實驗」甚至認為這種能力可能會影響長大後的成就。

吃棉花糖？還是不吃？

如果把棉花糖放在四歲孩子面前，在沒人監視的情況下要他們忍住不吃，他們真的能夠忍住，還是會馬上抓一大把塞進嘴巴呢？一九六〇年代美國史丹佛大學心理系的華特・米契爾教授（Walter Mischel）就做了這樣有趣的實驗。他把一個孩子帶進一個房間，讓他坐在一張放有一顆棉花糖的桌子旁邊，然後對他說：如果你可以忍住十五分鐘內不吃掉棉花糖的話，那麼我會再多給你一個來當獎勵。說完之後他就離開房間，只剩那個孩子和桌上的棉花糖。

在觀察上百位孩子的反應後，米契爾教授發現：有的孩子確實可以忍住想吃棉花糖的衝動，為了得到更多的棉花糖而忍住十五分鐘。但有些孩子卻一刻也不能等的就把棉花糖塞到嘴巴裡，完全不考慮是否可以得到更多棉花糖。他將這個觀察到的現象叫做「延遲滿足」——簡單來說，就是個人是否有辦法再忍一下下，而非急著在這一刻就讓自己得到滿足。以棉花糖實驗為例，那些能夠忍住衝動、晚一點兒再吃的孩子，就是「延遲滿足」的能力比較好，因為他們可以克制在拿到棉花糖的那一刻就急著滿足自己想吃的衝動。

值得一提的是，這個研究的發現不僅如此而已，米契爾教授追蹤了這些孩子往後十年的日常、人際、課業表現，發現了一個非常令人吃驚的結果：「當初能夠克制衝動不吃棉花糖的孩子，在長大後的課業、生活、人際表現上都比較好！」而且不只這項棉花糖實驗，二〇一一年泰瑞・莫菲特（Terrie E. Moffitt）也發表了一個研究，他持續調查約一千名小孩從小到大的生活情況，同樣發現如果人們在小時候的自我控制程度較高，可以控制自己不吵鬧、無理要求的話，長大後就會較健康、收入會較高，也比較不會犯法，這表示能夠控制自己衝動的人，對生活、學業與成就上都有很大的幫助。

忍住不吃，其實得到的更多！

為什麼當初能忍住衝動的孩子，在長大後的表現會比較好呢？研究者發現這些孩子比其他人擁有較多的「意志力」——也就是在遇到衝動或是外在誘惑時，比較不會被干擾而能堅持自我，因此長遠來看，就能夠讓自己得到更多的好處。譬如在課堂中能夠忍住跑去球場上打球的衝動、放學之後能夠忍住看電視好好做完作業的人，甚至是在美好假日裡能夠忍住無聊把樂譜練習完的人，他們日後的成就都會表現得比他人還好。

或許有人會覺得此刻不立即享受的人很傻，但換個角度想，那些人得到的其實是更多好處。雖然當下他們無法立即就享受到棉花糖的香甜，但是事後卻可以得到兩倍，甚至是更多的獎勵，而且在日常生活中也是如此——如果能先忍著不順從自己的衝動，在往後就會有很好的回報，譬如此刻的不賴床，換來的是多點時間可以運用；睡前忍住打電動的衝動，就能換來更多睡眠時間……

一起練習意志力吧！

以上舉那麼多例子，是不是也希望自己是個有意志力的人呢？在此告訴讀者一個好消息：「意志力」是可以經由練習增強的！

那該要如何去做呢？答案就在當初米契爾教授觀察到的一個有趣現象中——能忍住衝動的孩子，似乎都具有「不去注意棉花糖」的共通性。他發現那些成功克服想吃棉花糖的孩子，會試著讓自己不一直看著棉花糖，因為越是看著它就會越想要吃掉，有哪個幼兒有辦法克制那香香甜甜的氣味呢？所以唯一的辦法就是不注意它。有的孩子用雙手摀住眼睛，讓自己不去看桌上的棉花糖；有的則是在那十五分鐘專心的玩弄自己的手指頭而不看桌上；甚至有人直接轉身一百八十度背對桌上的棉花糖，用盡各種方法就是不要看到棉花糖以擺脫掉誘惑。

同樣的，在面對生活中的誘惑或衝動時，我們也可以試著用「不去注意」的小訣竅來培養意志力，嘗試讓自己去做些別的事情（專心玩手指頭），甚至乾脆換個情境不要再去想它（直接轉身背對棉花糖）。不論選擇哪種做法，但唯一不變的核心是：記住自己要做的是什麼，以及不要做的是什麼。只有這樣，才能清楚分辨該如何應對。

所以下次又遇到像開頭小故事中同樣狀況時，請記得提醒自己該做的是念書而不是再翻開漫畫了。當想看的衝動又出現時，若害怕自己無法克制去翻開的話，那就狠心一點直接把漫畫收到自己看不到的書櫃吧！

巧克力的誘惑，拒絕或接受？

──珍貴的意志力

再過三天，小李和阿新就要面對高中生的最大魔王——大學學測！

兩人既然是好朋友，當然要互相督促，並好好把握剩下來的這幾天……

小李：「欸，我們一起去K書中心熬夜讀書好了，再怎樣都要抱一下佛腳。」

阿新：「好呀，反正那裡在考前是二十四小時全天開放。」

兩人充滿鬥志的走進K書中心，找好位置後，便拿出一疊厚厚的模擬試卷來練習，時間就在這努力的氛圍下不知不覺的過去……

小李：「哎喲，阿新，突然好想要吃薯條！」

阿新：「不行啦！我們說好要寫完三份試卷再休息。」

小李：「可是我現在滿腦子都是薯條、雞排、炸雞，完全無法專心思考呀！」

阿新：「噢！受不了你！」

談談意志力

你或許有過這樣的經驗：每當要熬夜讀書或是讓自己好好念一天書時，似乎特別容易嘴饞，老想要吃東西，腦海中也頻頻冒出薯條、雞排、漢堡等高熱量垃圾食物的畫面和香味，這到底是為什麼呢？該不會是想要用吃來逃避讀書吧？

其實，這是因為長時間專注著做同一件事，是很消耗意志力的。而意志力是什麼呢？在這裡我們暫且把它想像是一種能量，能夠幫助我們堅持久一點去做想做的事，譬如讓我們有能力撐下去熬夜、跑完八百公尺等等。不過意志力這種能量，並不會無限的讓我們使用，它會有被用完的時候。另外，在每個人身上的能量並不一樣，譬如前面的例子中，小李的能量就比阿新少，因為他還沒寫完三份試題就撐不下去了。

好想吃巧克力喲！

科學家是怎麼知道意志力是有限，且會被消耗完的呢？接下來就來看一個非常有趣的實驗吧！美國佛羅里達州立大學的教授羅伊・鮑梅斯特（Roy F. Baumeister）和他的研究團隊對於意志力這個題目非常感興趣，他們想要知道意志力到底是不是有限的，便做了以下的實驗：

首先，他們邀請一群大學生來參與這項實驗，並將他們分成A、B兩組。兩組學生都會被帶進一個房間，裡頭擺著剛烤好、香噴噴的巧克力餅乾，以及毫無吸引力的蘿蔔乾，可是兩組接收的指令卻完全不同：A組比較好運，他們能夠隨心所欲的享用桌上的香甜餅乾；B組則比較倒楣，他們不能享用任何巧克力餅乾，只能夠吃那沒什麼味道的蘿蔔乾。

對於A組來說，他們不需要克制自己，隨時要吃就吃；但對B組來說，他們卻因此耗損許多「意志力」，因為在面對香噴噴的巧克力餅乾的時候，不但得消耗許多能量來使自己不去伸手拿那充滿誘惑的餅乾，還要強迫自己啃不好吃的蘿蔔乾！

消耗能量讓表現變差

在前述巧克力餅乾的實驗還不只如此，鮑梅斯特教授除了安排大學生處於可以吃或不准吃的兩種情境外，在這之後他又要求他們做一道困難的幾何數學題。那麼，我們不妨來猜猜，哪一組會願意花更多心力去解這道題目？

答對了嗎？是Ａ組！

因為Ａ組的人在前一回合面對巧克力時可以盡情的享用，不需要耗費任何一點意志力來克制自己的行為。相反的，Ｂ組卻會因為在前一回合已耗損太多意志力，而在第二回合面對幾何數學題時，就比較缺乏能量去面對，也就是變得比較快就自動放棄耗費能量動腦筋！

從這一連串的實驗，鮑梅斯特教授作出了關於意志力的結論，那就是意志力確實是一個有限的能量，而意志力在事件上的消耗是會影響往後事件的表現，正如本文開頭的小故事，當我們耗費意志力去熬夜讀書時，就會導致比較沒辦法克制自己不去吃垃圾食物。

如何扭轉頹勢？

從上述的分析是不是有點擔心，難道我們只要做了一件很累的事，就必然會影響往後事件上的表現？別怕！以下提供兩個破解的小技巧：

一、能量層面

正如口渴就要喝水、肚子餓就要吃東西一樣，能量的消耗也是如此，缺什麼就去補什麼。其實，意志力的多寡，跟我們體內擁有多少葡萄糖有關係。簡單來說，當我們耗費了太多能量後，吃東西是個不錯的補充方法，但是，並非每種食物都能帶來正面的補充，像那些高油高糖的垃圾食物（例如：雞排、薯條、蛋糕）就是不好的選擇，最好的選擇是吃一些被歸類成「低升糖數」的健康食物，譬如蔬菜、水果、五穀雜糧麵包等。

二、策略層面

既然知道當我們連續做好幾件事情後，會因先前消耗太多意志力而導致後來的表現受影響，那麼我們就該換個角度思考從策略層面下手，讓自己在做重大決定之前不要太累及消耗過多能量，或是讓自己那一天就只做這麼一件重要的事。萬一實在無法避免，需要一次做很多事的話，那就盡量讓自己分次休息和補充能量。

鍛鍊自己的意志力

雖然意志力的多寡是有限的，不過我們還是能夠透過一些練習來讓它的量變多，譬如採取和平常不一樣的方式來做事，原本的右撇子可試著用左手來開門或寫字；或是找一件小小的目標，讓自己試著努力去達成，例如要求自己一整天不論坐著或走路的時候都要抬頭挺胸。

為什麼做這些練習就能夠幫助我們提升意志力呢？因為在做的當下，我們必須要運用到意志力讓自己堅持下去，而在這個過程中就像是在練肌肉一樣會越練越強壯。只要我們多去訓練自己堅持下去，就能夠增強意志力，所以從現在開始就來試著訓練吧！

願望成真的要訣

——目標計畫的重要

「啊！有流星，快許願！」

「我要考試都考一百分、我要考試都考一百分、我要考試都考一百分！」

「我要跑步第一名、我要跑步第一名、我要跑步第一名！」

「我要練好鋼琴、我要練好鋼琴、我要練好鋼琴！」

大家滿心歡喜的，彷彿講出自己的目標與夢想就會比較容易達成。於是看到流星要許願、生日時切蛋糕前要許願、過新年要許願，連去廟裡拜拜也要許願，這些願望通常是只要自己持續努力就可以達成的。如果許一些奇怪的願望，像是要當超人、航海王之類的，可就不是個好願望了，因為這做不到啊！不過，即使是可以達到的目標，光是嘴巴上說說是不夠的，必須要對自己的目標有進一步的具體計畫，才會容易達成目標，實現願望。

這麼說是有根據的，心理學家戈維哲（Peter M. Gollwitzer）和布蘭茲達特

（Veronika Brandstatter）曾進行一項實驗，來了解學生對於想要完成的目標有沒有事先規劃，對日後目標的達成度有多少影響。他們預期有事先作規劃的人，最後達成目標的程度會比較高。

在這實驗中，他們要求受測的大學生完成一些工作，有困難也有簡單的工作，同時他們會詢問這些學生，對於完成作業是否有規劃具體的執行方法，例如什麼時候要完成、在哪裡完成、要怎麼完成等等的問題，等作業繳交以後，再分析工作的完成與事先規劃是否有關。

結果顯示，如果工作是簡單的，那麼不管有沒有事先規劃，大約都有百分之八十的學生會完成。但困難的作業就不一樣了，在事先有規劃執行方法的學生，最後有百分之六十二的人順利完成作業；而那些沒有規劃執行方法的學生，則只有百分之二十二的人完成。這就跟我們的生活經驗很像了，簡單的工作大家都能完成，但困難的工作要是沒有做一些規劃，只單純想想的話，最終完成的機會是不高的。

不過上面的分析結果也可能是因為會完成的學生本來就動機比較強，所以本來就會事先規劃。那麼，較容易完成作業到底是事先規劃的功勞，還是動機比較強的關係呢？於是研究者又做了第二個實驗。他要求學生在聖誕節前寫一份報告，且必須在聖誕夜之後的四十八小時內完成並繳交。有一半的學生要求一定要先具體規劃如何完成報告，像是會在什麼時間和什麼地點寫報告，另外一半的學生則沒有被要求。結果發現，被要求擬訂計畫的學生，最後有百分之七十一在規定時間內繳交報告，而沒有被要求擬訂計畫的則只有百分之三十二的人完成而已。

看來對目標擬訂具體規劃的確是有幫助的，當我們對於目標的達成有擬訂計畫，就越容易實現；而如果我們只是放在心裡想想，卻沒有實際的規劃出該如何達成目標，則較不容易實現。為什麼會這樣呢？讓我們來想像一下，沒有規劃執行方式會怎麼樣。

就拿本文一開始的願望「希望考試一百分」為例，要達到這樣的目標要做什麼呢？當然是多多念書啊。如果沒有特地規劃時間的話，一旦出現空閒時間，就會開始想：「現在有一小時的時間，我是要讀書還是要去找小李玩？」、「如果不去找小李玩，他明天可能就沒空了。」、「隔壁的小強養了一隻好可愛的貓，去他家看一下貓好了。」、「不行不行！我都說要考一百分了，所以我要多念書，這段時間拿來念書吧！」、「媽媽在煮飯了，晚餐的味道好香喔，會讓我無法專心讀書。」……

以上的情況有點熟悉，對不對？當我們沒有規劃時，必須要先想要不要做、在哪裡做、有沒有其他選擇等，這樣的話就需要考慮老半天，到最後做決定時就已經耗掉大半時間了。而且當你持續考慮、做決定時，也是會消耗意志力的能量喔！意志力能量是有限度的，一旦用完了就很難持續專心工作下去。因此，如果沒有事先規劃好執行方式，在做之前就還要先在腦內小劇場裡做決定，這下子把意志力消耗掉很多了，所以接下來的工作也就無法專心持續的做下去。所以說規劃好執行計畫的好處，就是不需要想來想去做決定，直接按表操課就可以，如此也不需要耗費意志力，也就可以保留更多能量，讓念書可以更專心、持續更久。

所以，千萬要記得：只有許願是不夠的，不會有魔法教母或是小精靈出來幫忙把目標完成的，要動動腦、動動手，想一想該如何執行它，把達成目標的方法寫下來，之後再一步一步的去做，這樣的話就會在不知不覺中，發現自己已經達到目標了！

睡覺是浪費時間？

——睡眠與表現

「欸，小李，可以借我抄一下聯絡簿嗎？」

「怎麼又沒抄到？不是寫在黑板三節課了？你該不會又晚睡了吧！」

「你又不是不知道昨天晚上出了最新一集的漫畫，我想要趕快知道劇情的發展，所以就看到一點多才睡覺。」

睡覺也能研究？

隨著年紀增長，我們有更多事情要做，不僅是課業量變大，就連好玩、新鮮事也變多，所以只好犧牲睡眠時間來完成。這樣做雖然好像使時間變多了，卻可能因為睡眠不足導致自己在白天的精神狀況變差。

睡眠到底是如何影響我們白天的表現？兩者之間又是怎樣的關係？全世界許多科學家都對這個問題很好奇，陸陸續續也做了研究想知道答案。在二〇〇六年，義大利的科學家朱賽佩・柯西歐（Giuseppe Curcio）統整其他科學家的研究後發現，如果晚上沒睡好，不僅會使白天上學、工作時更容易打瞌睡，甚至會影響到注意力、記憶力以及行為表現。

科學家是怎麼研究睡眠呢？他們透過觀察記錄受測者的睡眠時間長度、睡眠品質、半夜起來幾次、入睡及起床時間等等，來得知睡眠的狀況。有時候科學家還會邀請受測者到實驗室裡睡覺，加以調整受測者睡覺的時間，譬如要求在半夜兩點睡、早上七點起床。

除了睡眠狀況外，科學家還會調查受測者白天上學或工作時的表現，例如學校的成績、打瞌睡的次數、注意力集中程度、對測驗的記憶表現等等，有時候甚至會去訪問家長及導師，以求全面性的評估受測者的狀況。科學家從這兩項結果（睡眠與白天上學或工作的表現），就可以分析在哪種睡眠情況下，可以使白天有較好的學習或工作表現，並且較少發生打瞌睡的情形。

睡眠真的很重要

睡覺這個行為，不只是躺在床上閉眼睛做個夢這麼簡單，這段時間內也是讓大腦能夠重新調整，幫助白天所學的記憶更加鞏固的時間，同時也是讓身體恢復能量的關鍵時段。在過去眾多科學家的研究中，發現在校園裡表現比較好的學生，都有一些類似的狀況，例如普遍早睡早起、每晚至少都睡八小時，而在假日不上課時，也一樣維持早睡早起的習慣。良好的睡眠習慣，會讓人在白天較少出現打瞌睡的行為，上課或工作時也能夠擁有好的注意力及精神，同時比較容易記住所學的事物。至於什麼才是良好的睡眠呢？在科學家的研究定義中有很多種說法，不過普遍來說就是睡眠沒中斷、睡眠充足（青春期以前每天約需八～十小時），而且作息是規律的（例如每天上床、起床的時間都差不多）。

睡眠不足會導致什麼結果呢？嚴重者會魂不守舍，也就是不能專心、意志力下降、整體表現變差，甚至變得愛吃垃圾食物、想瘦卻瘦不下來。因為當睡眠不足時，大腦中的前額葉活動量會下降——那是腦中負責計畫事物、理性控制的區域；另一方面，腦中關於衝動欲望、非理性的區域，如杏仁核的活動量就會大增，導致我們抵擋不了內心的欲望！

如何改善睡眠？

睡眠的重要性，大部分的人都知道，只是有時候實在沒法做到，特別是在青少年時期的轉換，如國小升國中、國中升高中時，由於上學時段的調整，導致起床時間提早、在校時間變長，以及科目變多、程度變難、復習時間增長，如果又面臨到家庭變化、人際關係的問題等等，導致想睡也不一定睡得好呀！

那怎麼辦呢？以下提供幾個方法：

一、充足睡眠

想睡時就趕緊到床上睡吧，別再忙於課業或遊玩。如果真的有很多必須完成的作業，那也盡量讓自己有足夠連續的八小時睡眠。曾經有研究發現，在連續四天只睡五小時的狀態時，注意力就會開始下降，讓學習效率變差。

二、作息規律

試著讓每天都維持在差不多的時間入睡、起床，就算在假日也如此，讓身體擁有好的生理時鐘。盡量不要熬夜到白天才睡，也不要犧牲睡眠來做其他的事。

三、放鬆減壓

有時候睡不好的原因是來自壓力干擾，例如擔心下個月有重要的考試，有麻煩的事情須處理；當內心有許多事情要煩惱時就可能會影響睡眠，這時候可以透過釐清壓力——去思考到底是什麼事情讓自己煩心，是真的很棘手或只是自己想像出來的；然後運用適當的放鬆訓練，當緊張壓力來襲時練習深呼吸，把注意力放在呼吸的動作上，觀察自己的一吸一吐，讓自己不一直去想那些惱人的心事。

四、打造環境

想睡又睡不著，有時候可能是因為沒有好的睡眠環境，譬如你要睡了，家人還在大聲聊天；或者已經要睡覺了，卻又躺在床上滑手機。當睡覺的氛圍被破壞了，要怎麼改善呢？最好是讓自己練習認清：躺在床上就是要睡覺，如果想要滑手機就先起來走一走吧！

五、運動飲食

許多人都知道規律運動有助於改善睡眠，但要怎麼做呢？一般建議是做有氧運動，譬如跑步、騎腳踏車、快走等等，至少維持二十分鐘且一週兩次以上，至於要白天或晚上運動則可視自己的狀態而定，但要避免在睡前兩小時做激烈運動。在飲食方面，則建議盡量不要在睡前兩小時吃太飽，且避免辛辣的食物。

人生有三分之一的時間在睡覺，而這三分之一的品質好壞就決定了另三分之二時間的好壞，當我們沒睡好、睡不夠時，白天也會無法好好表現的，因此請別看輕睡眠的重要性。

為什麼會常做夢？——睡眠與夢的關係

「我昨天晚上做了一個夢，好可怕喔！」
「我都很少做夢耶，真羨慕可以做夢的人，感覺很有趣。」
「做夢才不有趣呢，我幾乎每天都會做夢，害我睡得很差。」

其實幾乎每人每天晚上睡覺都會做夢，差別是記得或不記得而已。到底睡覺跟做夢是什麼關係呢？在什麼情況下才會做夢？這件事讓很多人都很好奇，直到有一天發現了一個關於睡眠的祕密。

速眼動睡眠與夢

一九五三年阿瑟林斯基（Aserinsky）在一次偶然的機會，觀察到他的小孩在睡覺時眼睛雖然閉著，但每隔一段時間就會快速轉動，轉了一陣子後又不轉了，再過大約一小時又開始轉動，就這樣晚上睡覺時週而復始的出現眼球轉動的現象。阿瑟林斯基又持續的觀察很多人，都發現他們睡覺時會有這個現象，因此就把這個雖然在睡覺，但眼球會快速轉動的時期稱為「速眼動睡眠」（Rapid Eye Movement sleep），而其他睡覺時眼球不會快速轉動的時期，就叫做「非速眼動睡眠」，整個晚上的睡眠就在這兩種狀態下交互變化。速眼動睡眠跟做夢有什麼關係呢？關係可大了，許多研究者都發現如果在速眼動睡眠時把人叫醒，會有超過八成的機率會說自己正在做夢。所以夢的發生一直是與速眼動這個特異的睡眠階段連結在一起。

每晚都會做夢？

人們整晚睡眠當中，是呈現速眼動與非速眼動睡眠交替循環出現的（如圖1），每次循環約為九十～一二〇分鐘，每晚大約有四～五次的循環，也就是會有四～五次的速眼動睡眠階段。研究發現，若把人從速眼動睡眠中喚醒，有百分之

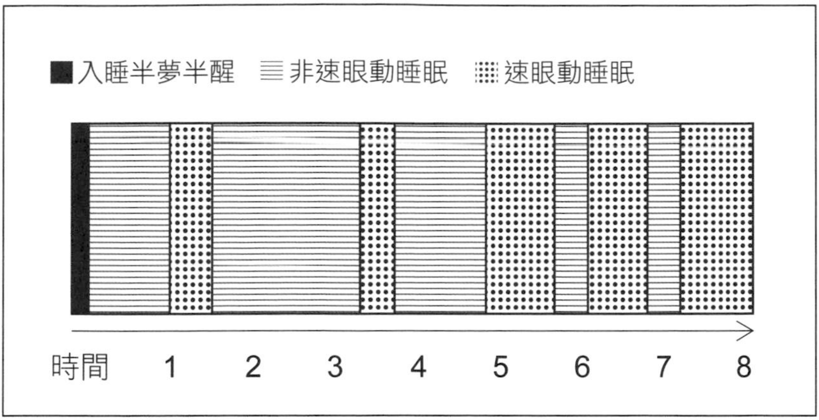

圖1　整晚睡眠階段變化

八十～九十的機率會表示有做夢，由此可知速眼動睡眠與夢的發生有極大關聯。不過研究也發現，把人從非速眼動睡眠喚醒時，也有可能表示正在做夢，比例為百分之〇～七十五。為什麼不同研究所得到的比例會有這麼大的差異呢？這是因為在研究方法上的細節差異而導致結果有所不同。

夢研究的難處

早期為了研究人在剛入睡時腦波有什麼特殊表現，就找人到實驗室睡覺，在特定時間點把他叫起來問他有沒有睡著，要求受測者回答

「睡著」或「醒著」。但事情並不是這麼簡單，把人喚醒後得到的答案有「不知道」、「不是睡著也不是清醒」、「混沌狀態」、「無法辨認」等。由此可見，人對於意識狀態的變化多半是模糊不清的，要得到精確的答案，必須要先對所評估的狀態有深入的了解，單以個人生活經驗來推論是不足的。

夢的研究也有類似的問題，一般人會覺得研究做夢很容易，把參與者喚醒後問他剛剛有沒有做夢，有就是有，沒有就沒有。但這當中會有一些細節會造成不同的結果，分析如下：

一、問法不同

「你剛剛有沒有做夢？」這樣的問題不夠精確，因為這涉及每個人對於夢的定義與認知有所不同，若問句換成「有沒有什麼想法飄過腦海」、「有沒有什麼影像飄過腦海」等，得到的結果會略有差異。因此現在的研究都會把夢做較清楚的定義，像是「感覺有做夢，或是有個又長又奇異的故事，那影像總是很快速的消逝」。

二、夢的記憶

夢的研究還有第二個困難，也是最大的困難，那就是記憶。一般人會直覺的認為有沒有做夢是很清楚明白的事，但實際上並沒有這麼簡單，因為有可能有做夢卻忘了，清醒後不記得有做過夢。所以回答做夢與否，是由以下兩種情況所構成：

做夢＋有記憶＝回答有做夢

做夢＋無記憶＝回答沒做夢

因此一般在說有沒有做夢，主要是取決於記不記得，而不是有沒有做夢。從上述的資訊可估算：每個晚上睡覺約有五次速眼動睡眠、每次速眼動睡眠會有百分之八十機率做夢，那麼理論上每晚至少應該會有三~四次的夢才對，但大部分的人都只會記得一個甚至沒有，其他的都忘了，可見記憶對夢研究的影響有多大。

而要在什麼時候醒來才容易記得做夢呢？在做夢的當下或是剛結束時醒來，是最容易記得的。因此我們早上醒來如果記得有做夢的話，多半是醒來前做的，也就是該晚最後一個夢。

做夢導致睡不好？

有些常常做夢的人會認為做夢是不好的，因為做夢讓他睡眠品質很差、很疲累，也就是多夢是「因」，而睡不好是「果」，不過事實正好相反。由前文可知睡眠與夢有幾個特點：

一、每晚會有四~五次速眼動睡眠。

二、從速眼動睡眠醒來，會有約百分之八十的人認為有做夢。

三、每晚應會有三～四次以上的夢。

四、在夢的當下或剛結束時醒來，才易記得夢境。

綜合以上幾點，要記得多個夢的話，就必須在睡眠中多次醒來，而且醒來的時機還是夢中或剛結束，如此的話才有可能會記得多個夢境。換句話說，是因為睡眠中常常醒來所以才會記得多個夢，而常常醒來自然會覺得睡不好了。所以實際情況是，因為睡不好而導致做很多夢，而不是做很多夢導致睡不好！

面對社會你我他

Part 2

專家說的話就可靠？——權威的魔力

網路心理測驗超神準的祕密——巴南效應

為什麼沒有人幫忙？——旁觀者效應

「得寸進尺」是說服他人的妙方——腳在門檻內效應

跟著人群走，就對了嗎？——羊群效應

專家說的話就可靠？

——權威的魔力

怎麼又買果汁機了？
這臺不一樣！
唉！老媽一定是又看了什麼專家推薦。家裡都有好幾臺水梨牌、俏夫人了……
舊的果汁機
瞄
這臺機身是用無毒的琥珀，而且馬力超強，專家說一般果汁機打出來的果汁根本就沒養分，#＊$%……
這都是那些專家講的吧！他們說的你就完全相信了嗎？

在《國王的新衣》這個童話裡，國王聽信了裁縫師的謊言，自以為穿上世界最輕柔、同時也是聰明人才看得到的衣服，洋洋得意的向民眾展示，實際上他卻是光溜溜的走在大街上。但是說也奇怪，明明所有大人都看到國王裸體沒穿衣服的樣子，為什麼大家還會相信裁縫師說的話，而不相信自己的眼睛，以至於一直以為國王是穿著美麗的衣服呢？

除了童話故事外，日常生活中也可以發現類似的情況，那就是明明是同樣一段話，卻會因為說話者的不同，而導致影響力的大小差別。譬如說有艱深的數學題不懂要去請教老師，卻由體育老師來講解答案的話，就會覺得怪怪的，似乎體育老師的說服力就比不上數學老師。而有運動相關的問題時，也會直接去找體育老師而不找數學老師，感覺就是找專家比較好。除此之外，我們總是很相信某某專家所說的話，像是藥品、食品等廣告總是會找醫師來代言，看到醫師也說好，就會覺得這樣東西真的好，也會比較安心。但，事情的真相真的是這樣值得信任嗎？

在日常生活中，我們常常會不自覺的認為某某專家說的話必然是對的，這其實是有好有壞。對於一個人來說，一輩子不可能了解世界上的每一樣道理及每一種知識，最方便的方法就是去聽從有專業的人怎麼說，不過這樣的情況卻很容易會發生心理學家所說的「權威效應」。

什麼是「權威效應」？

網路上流傳著一個國外有趣的課堂故事，在某大學的課堂中邀請一個德國人來，並告訴教室裡的學生他就是世界著名的化學家，但其實那位德國人只是一個普通演員而已。那位德國人若無其事的拿出一瓶其實什麼味道也沒有的蒸餾水，跟同學說在他手上的其實是新發現的物質，有著特別的味道，接著詢問在場的學生是否有聞到什麼味道。實際上這是一杯蒸餾水，當然不會有任何味道，不過許多學生們卻很肯定的舉手回答真的有聞到味道，因為他們認為站在臺上的知名化學家說有味道那肯定就有味道，即使聞不到也要相信專家說的話。

心理學家對這種「專家說了算」的現象很感興趣，他們好奇如果專家和一個普通人都說了一個錯誤的訊息，那麼大家對於錯誤訊息的接收程度會有不一樣嗎？

研究者讓一群人閱讀一篇關於人每天需要幾小時睡眠的文章，每個人看到的文章大致相同，不同的是文章結論有很多種，分別是認為睡眠時間從八小時到完全不睡都可以。研究者向一半的參與者說這篇文章是個曾獲得諾貝爾獎的教授寫的，而向另一半的參與者則說文章是個YMCA的經理所寫的。參與者讀完文章後，均會被詢問相不相信這篇文章的說法。

結果發現，諾貝爾獎得主的主張可以比YMCA經理還要離譜，前者要說到人可以完全不睡這麼誇張的論點，讀者才會拒絕相信；後者只能說到二小時大家就不信了。由此可知，專家講的話確實大家都比較相信，而且就算講得比一般人離譜也沒關係，人們還是會相信的。這樣聽來是不是有點怪呢？

這樣的心理反映出我們對於生活中的未知常感到不安全，往往會想要趕快抓住一個答案才安心。不論是寫考卷或是生活中，遇到不確定或沒有正確解答的時候，一開始總會對自己沒有信心，希望老師能夠趕快給一個「標準答案」才能安心，因此專家的說法就成為最好的解答了。但生活中並不像是考卷是非那麼簡單，常常一個狀況的發生都是許多選擇融合而產生的，因此得注意專家所提供的訊息並不是唯一的答案，可能還有其他的說法，甚至專家也可能是錯的。

既然這樣，我們是不是就不要聽信他人的說法，即使是專家也不要相信呢？這樣也不見得好，當我們必須對一個完全陌生的領域有些許了解時，就好比是從頭學習一門新的知識，會需要花上好多好多時間去找尋資料，也要花掉大腦許多能量，常常得要費盡心力才能夠略為理解一點，這樣實在是太沒有效率了，也不是每個人都有一大把的時間去學習這些新知識。因此較折衷的方法，就是去聽從有經驗的人，也就是專家的說法。

所謂的「權威效應」，正是指一般人在遇到自己比較不熟悉的情境時，我們通常會優先參考專家的說法，以經驗來說，他們說的話是掛保證、可信度高、安全性也最高，因此我們若以他們所說的話為標準來做決定時，那麼做錯決定或說錯話的機會就會比較低。

生活中的權威效應

在我們的生活中，有許多狀況都是隱藏著「權威效應」，譬如運動飲料廣告邀請有名的棒球明星代言，會比找個街坊老爺爺代言更有可信度。因為一想到棒球明星我們肯定會覺得他就是運動高手，那麼他所說的話或喝的飲料肯定就是最佳的保證，因此大家會比較願意去購買那些明星所代言的產品。

又譬如說，電視上賣保健食品的購物節目，常會邀請一些醫生、博士上節目分析，因為相對於大眾他們就是專業的代表，談到艱深的醫藥化學知識時他們就是「專家」，所以只要他們說這個產品好，那麼應該就不會有太大的問題，觀眾就會很輕易的買單。

面對未知，我該怎麼辦？

在面對陌生領域時，我們到底要怎麼辦呢？的確，在需要立刻做出決定時，聽從權威專家的話是最保險的一個方法，有時候專家的看法確實很值得參考，畢竟他們能被稱為專家就有其不同於一般大眾之處，但千萬別忘記了專家也是人，他的知識跟觀點也是有限的，所以最好的方法就是將他們說的話當作是意見參考，而不是當作唯一遵守的聖旨。

面對大千世界中的百萬知識，想當然耳我們不可能一一去深入了解，唯一能做的就是盡自己最大的努力多了解一點，從我們感興趣的地方下手，並試著透過廣泛閱讀以及實作練習，來培養思考能力、蒐集資料的能力。套一句諺語「三個臭皮匠勝過一個諸葛亮」，我們也可以藉由大家的集思廣益來擴大對世界的了解，這何嘗不是一個一舉兩得的方法，可以親身去了解感興趣的事物，又能跟身旁的朋友一起討論成長！

網路心理測驗超神準的祕密
——巴南效應

選一個喜歡的水果，來看看你本週的運勢：

【蘋果】——運氣平平，但如果你留意一點會發現意想不到的好事。

【香蕉】——能夠順利度過本週，但是要注意坐久了可能會影響身體狀況。

【西瓜】——可能會有壞事發生，不過只要稍微注意就能夠避免。

小李：哎喲！我選了香蕉耶！這週一定走好運啦！

阿新：蛤？我選的是西瓜，會不會有壞事呀？嗚嗚……

課堂上的巴南效應

你會相信星座運勢分析，覺得那些敘述都很符合嗎？但是為什麼會這麼準呢？有一個可能性是因為那些描述都很模稜兩可。一九四八年美國心理學家伯特倫‧佛瑞（Bertram Forer），就特別針對「心理測驗」做深入研究。

佛瑞教授想知道，人們為什麼那麼相信心理測驗，於是他就自己創造了一份心理測驗，讓班上的學生填寫，兩週後再發給一份專屬於他們的人格分析，但其實每個人的分析內容都一樣，而且還是從路邊買來的占星書中拼湊抄寫而成，內容大致如下：

「你渴望受到他人喜愛卻對自己吹毛求疵。雖然人格有些缺點，不過大致上你都能夠彌補，其實你擁有許多潛能，只是還沒去開發。看似強硬、自律的外在掩蓋你內心的不安與憂慮。有時，你會強烈懷疑自己的決定是否正確。你不喜歡一成不變，偶爾喜歡變動。你為自己是獨立思想者自豪，不會接受沒有充分證據的言論。但你認為對他人過度坦率是不明智的。有些時候你外向、親和、充滿社會性，有些時候你卻內向、謹慎而沉默。有時你總是天馬行空不切實際。」

學生收到各自的人格分析報告後，佛瑞教授就請大家以分數表達他們對這些描述與自己相符的程度，以0～5分來作區別，0代表非常不符合，5則代表非常符合。結果，統計全班的分數後，發現平均分數是4.26，表示大家認為這份心理測驗可信度很高、很準！

佛瑞教授就把此現象稱為「巴南效應」——人們對於他們認為是專屬於自己的描述給予很高的信任，即使這些描述大多十分模糊，例如「你偶爾心情好，但有時卻會為些小事傷心」，這種看起來有說跟沒說一樣的句子，很容易就會讓我們自動對號入座。類似的句子寫法，經常會出現在各大星座、網路測驗中，它們會在句子裡面寫一些很廣泛的描述，因此讓我們不管用哪個角度看，都會覺得那些測驗很準確。

心理學家的測驗 vs. 網路上的心理測驗

許多人常常把心理學家所使用的測驗，與網路上看到的心理測驗混為一談。其實心理學家用的測驗是非常嚴謹的，必須經過長時間的研究累積，以及理論驗證才能使用。

一般來說，心理測驗的目的是要協助人們更了解自己，以大家在學校都會接觸到，用來測出各人適合從事哪個領域職業的「性向能力測驗」來說，首先心理學家必須透過觀察與訪問來認識各種工作，接著將大部分的工作做分類，並進一步分析哪類工作的人具備了怎樣的能力，譬如「畫家」需要有創意、聯想力、冒險精神；「警察」需要勇敢、正直、公正。

這類心理測驗的描述必須要精確明白，不能用一些廣泛的說詞來敷衍帶過。而且在測驗上的每一字每一句，都必須要參考過往科學家的研究、理論、實驗證據等等，絕對不允許胡亂瞎掰或隨便亂寫一通，畢竟這些心理學家使用的測驗，往往關係到一個人的未來，或是要判斷他是否真的有心理疾患等等。

相對來說，在網路上的心理測驗通常是趣味性居多，並沒有任何研究或理論根據。下次或許可以來做個小小的實驗：先仔細看看每個測驗的問法，並試著推想這背後是根據怎樣的實驗，好比在本文開頭亂掰的水果心理測驗，試著想想怎麼有可能從吃水果就能了解一個人呢？而且有些水果在其他國家很稀有甚至沒有啊，這樣外國人該怎麼選呢？如果還是有點好奇，那就遮住答案直接看各個描述，將會發現每一個說法看起來都滿有道理的，很符合自己！

可是，還是覺得很準呀！

在認識巴南效應之後，有些人或許會回說：「那又如何？因為我還是覺得很準呀！」

當然，如果用模稜兩可的字句來描述的話，它是很準的，因為描述的方式就是模糊到符合多數人的狀況啊！就算是學過巴南效應的心理系學生，偶爾也還是會去看看星座運勢，玩玩網路心理測驗，因為趣味性夠高，又能夠讓自己對於未知的明天有點方向。（好比你看到報紙上說巨蟹座會有好運，或許會使你一整天都抱著愉悅的心情期待著，即使最後並沒有所謂的好運，但你也算是過了愉悅的一天。）

巴南效應其實沒有所謂的好與壞，這篇文章，並非要讀者以後都不去玩網路心理測驗，畢竟每個人都有權選擇要不要相信，只要記得別讓那些測驗牽著你的鼻子走就好了。最後，希望讀者在看完這篇文章後，都能夠了解真正的心理測驗跟網路上那些趣味心理測驗是不同的。

為什麼沒有人幫忙？——旁觀者效應

「叮咚～叮咚～叮咚～」上課鐘聲已經響起了。

小李必須要趕在上課前將全班的國文習作本搬回教室，於是他立刻衝到辦公室把近五十本的習作本一把抱起，雖然平時看它薄薄的沒什麼，但幾十本堆起來可就不一樣了，在走回教室的路上小李彷彿捧著一座搖搖欲墜的巨塔，只要再來個重心不穩肯定會像天女散花般灑落一地……

「哎呦喂呀！」

小李一個不小心重心不穩絆了個腳，習作本就這樣應聲散落一地。

為了趕在上課前回到教室，他只好忍痛趕緊蹲下去收拾，他將四處散亂的習作本一本本重新堆疊起來，好不容易搬回教室卻也因此遲到被老師念了一頓。但小李仔細回想自己在掉習作本的那短短一分鐘內，身旁明明就有三四位同學經過卻無人出手幫助，而此時小李只能心裡暗罵那些同學沒良心，如果他們肯幫忙撿就不會遲到了，也不會被老師罵了……

旁觀者效應

「為什麼明明就有人經過，卻沒有人停下來幫忙呢？」

其實小李所遇到的狀況在生活中很常見，在心理學上稱作「旁觀者效應」，就是當這事件只有一個人發現時，他會較積極的提供協助；但如果人數一多，大家就會覺得事情不一定需要我幫忙，責任感也因此被分散掉。

旁觀者效應常發生在我們的生活周遭，譬如在走廊上看到有同學跌倒了，卻沒有人去幫忙扶他；或是在路上看到前面的同學掉了學生證，卻沒有人立刻提醒他。看到這些情形，或許會讓人覺得在旁邊不幫忙的同學怎麼如此冷漠，但真的是因為時代的變遷導致人越來越無情，還是其實有其他的原因影響了那些同學去幫助別人的意願呢？

做個實驗來確認

一九六〇年代美國的心理學家從許多社會事件及生活中，發現了這種共通的旁觀者現象，他們開始好奇到底是人性的改變導致冷漠無情，還是有其他原因在背後阻礙我們去協助他人。因此兩位心理學家達利(John Darley）和拉塔（Bibb Laten），在一九六八年做了一項實驗，來確認這種旁觀者的現象，實驗內容大致如下：

首先達利和拉塔邀請大學生來參加一場討論會，他們讓參加的學生先進入一個單人房間，在房間內已有一副耳機和麥克風，告知等一下要跟其他房間的Ａ、Ｂ、Ｃ三位同學進行討論。為了讓每個人都能毫無顧慮的發表自己的意見，他們選擇讓參加的人只聽得到聲音而看不到彼此，並且是以輪流講話的形式來進行，也就是每個人發表兩分鐘中間不得插嘴。

在進行討論的過程中，其實Ａ、Ｂ、Ｃ同學都是事先錄音安排好的，其中特別的是在輪到Ｂ同學的時候，參加的大學生會聽到一串奇怪的講話，像是「我我我我……覺得……得……有點……不不不舒服……」等等的發言，這是呈現Ｂ同學突然因壓力很大、身體不舒服的結巴聲。而這些其實是兩位心理學家安排好的突發狀況，他們想要測試參加的學生會有什麼反應，到底怎樣的情況下才會發生「旁觀者效應」。

研究結果發現：當參加者在討論人數只有兩人，也就是「參加者＋Ｂ同學」的時候，他們會比較快跑出房間尋找其他人去協助Ｂ。而當討論的人數變四人時，也就是有「參加者＋Ａ、Ｂ、Ｃ同學」時，參加者則會比較慢甚至沒有跑出房門通知其他人協助！簡單的說也就是「人愈少立刻反應，人一多時則會遲疑」。為什麼會這樣呢？

達利和拉塔兩位心理學家的結論是，遇到需要幫忙的突發狀況時，當只有你一個人的時候，你會很清楚若沒有出手協助，對方可能會因此受害，如果最後真的出事的話，你一定也會很有罪惡感。

但當人數一變多的時候，原本只有你應該做的救人行為，就變成了「你們」，此時你會發現自己是屬於一群人之中，心裡可能會想如果自己沒出手的話，應該還會有別人出手才對，也正因為如此就減少你出手去協助的機會了。

旁觀者效應不好嗎？

其實不論人多還是少，當我們遇到突發狀況時都是不知所措的，尤其是那些關係重大的特別狀況，身為旁觀者的人會害怕自己做的到底正不正確，例如：

一、假如在對方不需要的狀態下出手幫助，那只會讓自己看起來更糗。

二、假如對方其實是需要幫忙的話，如果自己沒有出手會不會害了他？

這種不知該如何是好的心態，反而更會讓人退縮，但退縮並不一定代表著冷漠，或許只是因為不確定怎樣做才是最好的。

有時候旁觀的人也會評估對方到底需不需要幫助，譬如那些在走廊上經過小李身旁的同學們，可能覺得小李掉幾本習作本而已，他可以自己撿起來並不需要別人停下來幫助，但他們卻沒有想到其實小李雖然有能力，卻因為時間緊迫而特別需要有人幫助。

在「旁觀者效應」下並沒有所謂的對或錯，了解它反而能幫助旁觀者去發現到自己真正退縮的原因。或許是因為還有其他旁觀者，所以你選擇讓更有能力的人出手，譬如有個人跌倒了，你發現離跌倒者最近的人好像已經行動，因此你就不特別跑過去扶他；又或者是你覺得掉學生證的同學等一下就會發現，因為他正要去體育器材室借器材，所以你就先趕去操場上課了。

那麼到底要不要出手幫忙呢？在前一段描述的那些想法，都只是我們自己在腦海中跑過許多自問自答「對方需要什麼？不需要什麼？」或許有時候被我們給猜對了，所以不去幫也還好，但與其在腦袋瓜中想來想去，還不如開口詢問一聲吧！

「得寸進尺」是說服他人的妙方

——腳在門檻內效應

「欸，小華，可以麻煩你幫我順路交個作業嗎？」

「嗯，可以啊……好啦好啦！」

「那你可以中午順便幫我到福利社買個雞腿便當嗎？」

「蛤？好啦好啦！」

「那買了便當後，再幫我買一瓶飲料吧！」

「噢！你真的很懶耶！這次是最後一次了喔！」

上面這種情景你是否曾經遇到過呢？這類的要求總是很難拒絕，其實這就是一種高明的說服技巧喔！在生活中我們總會遇到許多需要說服別人的時候，從簡單的幫忙買便當到推銷商品，甚至是候選人拜票，只要是能夠讓他人照著你的意思去做，都算是成功的說服。對於大部分的人而言，要去說服別人有如登山一樣難，常常會因為不知如何開口而錯失機會，有時是擔心自己的要求會太麻煩別人，有時則是會顧慮雙方的交情並沒有那麼好。其實除了膽量和交情之外，在說服他人的這門學問中確實可以運用一些訣竅。不過，在說明這些祕訣之前，先來稍微了解一下「說服」是如何產生的！

「說服」是什麼？

生活中有很多事情是一個人無法達成的，所以我們需要學著跟他人合作，甚至試圖去說服他人給予我們幫助，於是如何說服他人，就成了面對各種挑戰的必要過程之一。

到底什麼是「說服」呢？簡單的定義是，說服者利用語言或非語言（譬如手勢、專業度）的方式來影響別人，而最終達到被說服的人願意接受我們的要求，進而得到我們期待的幫助。譬如你想要在週末跟同學一起去遊樂園玩，但必須要說服爸媽讓你搭火車自行出遠門，所以要做的就是找出自己想去的好理由來說服他們。

影響說服的因素

在說服產生的過程中，有許多重要的因素會影響成功與否，像是說服者本身的口才能力以及邏輯論述，還有我們與被說服者之間的關係，有時候自身名聲的大小也會影響說服力的強弱——試想，當你的身分是老師時，是否比身為學生更有說服力？此外，說服者人數的多寡也會有影響，當有十個人在說服你和只有一個人時相比，那種人情壓力會造就出極為不同的說服結果。

不過上述的因素都是我們不太能夠立即改變的，就口才來說至少也要練習一年半載，雙方關係也不可能一蹴即成，說到名聲的建立更是困難了；若論到人數的話，不一定能夠隨時找到那麼多同伴相陪。那麼是否有更簡單、直接的小技巧呢？確實是有的。

腳在門檻內效應

一九六〇年代美國心理學家費德曼（Jonathan Freedman）和佛雷澤（Scott Fraser）兩位學者對於如何說服他人的技巧感到十分好奇，因此設計了一系列有趣的實驗來觀察哪種情境下比較容易產生說服。他們在過程中，發現了一個容易提升說服成功機率的有趣技巧，並將其稱為「腳在門檻內效應」，這個名稱的意思就是說，如果推銷員到你家按電鈴，只要可以進入你家大門的話，他推銷成功的機會就會大很多。

當年費德曼博士等人的實驗過程是這樣的，他們先請助手去拜訪一些家庭主婦，詢問他們是否能夠出借自己的窗戶掛上有「安全委員會」的小小招牌。半個月後，助手會再次登門詢問這次是否能夠出借庭院放上一個寫著「小心駕駛」的大招牌，不過這次的招牌比較大且不太美觀。結果發現那些在第一次就答應出借的主婦們，後來又被要求放上又醜又大的招牌時也會答應的機率達百分之五十五，比那些第一次就拒絕家裡窗戶被放上小招牌的家庭主婦們高上三倍。

兩位心理學家在實驗中觀察到，若是能先向要說服的對象提出一個簡單的要求，在往後提出更大的要求時對方會更容易配合。換個角度想：當你先答應了小的要求，若再被詢問另一個大的要求時就比較容易會答應，這就是「腳在門檻內效應」的精髓，也是它原理發揮的所在。通常遇到簡單的要求我們很容易就能接受，而為了讓自己維持這種願意幫助他人的形象，在往後遇到更大更難達到的目標時，我們也會試著讓自己接受去完成它。而這也與成語中的「得寸進尺」類似，因此也有人稱之為「得寸進尺效應」。

雖然說「得寸進尺」聽起來好像是在一步步逼迫人家接受要求，但千萬別批評這樣的方法或是排斥，畢竟這樣的說服技巧並沒有所謂的好壞，也非蓄意欺騙，只是在說服的過程中本來就會牽涉到許多的妥協及配合，端看你是站在說服者或是被說服者的立場去詮釋這件事而已！

生活中的「腳在臨門」實例

在日常生活中，其實就有許多「腳在門檻內效應」發揮的良好案例，從攤販叫賣的方式到網路問卷的填寫等，其中以車站前叫賣文具、文創商品的小販最為代表。大家在搭火車時或是經過人潮很多的地方時，有時會遇到一些向路人推銷愛心筆的年輕人，為了打破你對他的防備之心，他們總是會先丟出一個問題（小請求），譬如說「可以跟我說聲加油嗎？」而這對於我們來說是一個簡單的要求，所以我們很容易就會答應並且回他一聲「加油！」。趁著這一段你來我往的談話，他們便會順勢拿出要推銷的相關商品開始向你解說（大請求），而我們通常為了維護自身的形象或是因為不好意思拒絕，就會繼續耐心的聽下去，甚至還買下一堆又貴又不太需要的筆。

另外像是路上發的傳單或是填問卷，都是類似的原理，一旦我們拿了人家的宣傳單或試用包（小要求），就比較有可能去進一步仔細閱讀內容和購買產品

（大要求）。站在說服者以及推銷者的角度，這樣的結果是好的，能夠順利推銷產品推廣理念，不過當角色換成被說服者或消費者時，面對這樣的情境，我們要如何去避免被輕易說服呢？在此教大家一個簡單的應對口訣，那就是：不怕丟臉，懂得拒絕，然後想清楚自己要什麼！

跟著人群走，就對了嗎？

——羊群效應

終於結束了為期三天的考試，小李與阿新打算吃一頓大餐好好犒賞自己，順便慶祝暑假到來，於是在結業式後迅速衝回教室收拾書包，便騎著腳踏車前往市區……

「你要吃什麼？我今天只想大口吃肉、大口喝可樂！」小李說，邊騎邊怒吼發洩三天累積的疲憊。

「那我們去吃牛排啦！」阿新大聲回應，同時用力踩著腳踏車向前衝。

「好，吃牛排！不過這條路就有兩家，看起來都很棒，要選哪一家？」小李盯著兩家牛排館問。

「對耶！兩家都有沙拉吧吃到飽和可樂續杯，可是左邊那一家怎麼都沒什麼人啊？怪怪的，我們還是吃右邊那家好了。」阿新停車探頭觀察了一陣子說。

「嗯，那我們選人多的那家好了！」

所謂的「羊群效應」

小李與阿新挑選牛排館的過程就如同我們日常生活的寫照，在遇到不確定的狀況時，最好的方法就是跟隨他人的選擇。例如來到一家異國料理店，桌上擺滿了琳瑯滿目的餐具，不知從何用起時就先看看其他人怎麼使用；又如停紅綠燈的時候，往往我們看到前面的人向前衝時就會跟著一起走，卻沒發現其實還是紅燈。

這種跟隨他人的現象被稱為「從眾效應」，也有人稱為「羊群效應」，就像一大群羊在移動時，每隻羊都只需要跟著前一頭羊走就好。而到底在什麼情況下才會使羊群效應發生呢？一九五〇年代美國的心理學家艾許博士（Solomon Asch）為了探究這個問題，做了一個很經典的實驗：

艾許博士找一些大學生來做實驗，他告訴每個人說是要來做一項視力判斷測驗。被邀請的學生進入實驗室後，會發現還有其他六位同學要一同做測驗，但其實那六位都是跟艾許博士串通好的，只有他是真正的參與者。所有人聽完實驗規則後，便開始進行總共十八回合的視力判斷測驗，首先會呈現給他們看一張畫著一條線段的圖（圖2左），接著會再看到一張畫著三條不同長度的線段圖（圖2右），他們要做的是在三條線段中找出跟第一張圖那條一樣長的線。

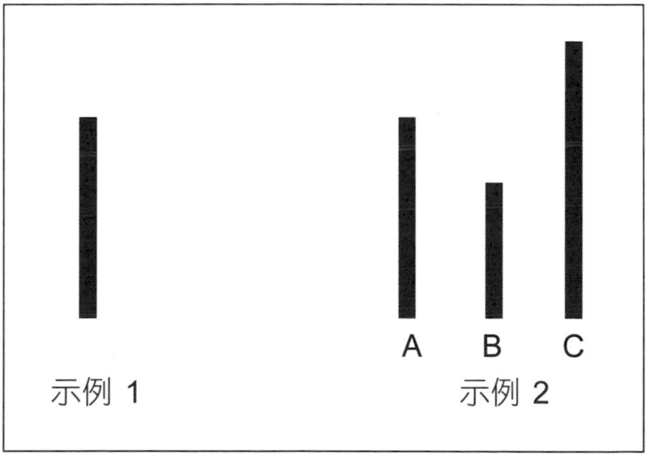

圖2

哪條線才正確？

這看起來不難，對不對？但實際作答時加入了群眾的壓力就不一樣了。在看完了每一回合的兩張圖之後，所有人都要輪流說出答案，參與學生會被刻意安排在倒數第二個回答，其他六位同學都是艾許博士安排的演員，為的就是要在輪流回答時讓他感受到壓力。而這六位安排的演員會故意說出很明顯是錯的答案，對於原本打算要回答出實際正確答案的人來說，聽完前面五人說出了一個跟自己原先預料不同的答案，會有怎樣的反應呢？

在觀察了一百多位來做實驗的學生反應後發現，有百分之七十五的人即使一開始很有信心的選出正確答案，卻會因為聽到前面五位同學一致的回答了別的答案，當輪到自己時就會發生對自己的答案沒信心，而跟著前面五位說出錯的答案！

為什麼會換答案？

一開始學生明明都對自己的答案很有信心，但卻在聽了其他人的答案之後開始懷疑，甚至最後回答了明顯錯誤的答案，到底是為什麼？從眾行為背後肯定埋藏著很有趣的答案才是。而這其實可以從很多角度來解釋，以下將由三個層面來為大家提出合理的說法：

一、依著演化的角度來解釋，為了平安存活下去，最好的方法就是跟隨大多數人的行為去做。想想在古老時代生活在野外的原始人，在面對不知道該怎麼辦時，最保險的方法就是跟著前人的腳步走，看大家都怎麼做自己就跟著做，畢竟他們做了之後並沒有因此死掉，那跟著做大致上應該是安全的。

二、從團體壓力的角度來解釋的話，當我們處在一個團體裡，誰都不想當一個異類，因為不一樣的話就會變成這個團體的少數，而少數就會承受著多數帶來的壓力，會讓多數人覺得你並不屬於團體，進而對我們產生排擠孤立。因此即使發現多數人的選項是錯的，當考量到不想成為一個承受壓力的少數時，多數人還是會睜一隻眼閉一隻眼，說服自己跟隨多數人所選擇的答案。

三、從節省腦力這點來解釋，當我們直接選擇跟從多數人的行為時，就不需要再多花費自己的腦力來思考怎麼做才是好的，因為這些思考的步驟都已經被上一個下決定的人做過，我們唯一要做的只剩下去模仿與跟隨而已。

人多就正確？

如果前面的人選擇了一個危險的做法時，該怎麼辦？想想看，或許小李與阿新選擇的餐廳其實是難吃的，只因為它今天採取買一送一才吸引那麼多人。那我們要怎樣才能夠避免從眾效應的發生呢？唯一的方法就是別貪圖方便，多動點腦筋吧！即使在一開始是因為不確定要怎麼應對而選擇跟大家一樣的做法，但還是要時時對自己提出一個疑問：「人多一定是正確的嗎？」

舉個生活中的例子來思考一下：

你騎著單車遇到紅燈，停在五部機車後面，這個路口並沒有顯示倒數計時，所以不確定這個紅燈還要持續多久才會變綠燈。此時你看到前面的幾部車已經開始轉動油門向前移動了，大多數人也是準備向前行，那麼，你會跟著向前行，還是再看一下紅綠燈呢？

小小建議

當出現羊群效應跟隨他人行為時，並不表示自己的行為一定對或是錯。前面的人做對了，你當然也會做對；但是當前面的人做錯時，你也盲從進行的話，那就會出事，除非你已觀察到前人的錯並做出改進，如此才有機會讓自己更進步。因此在面對日常生活中各種狀況時，要不要跟隨別人的方式做，並沒有標準答案，但請記住多觀察多動腦肯定對你有幫助的！

儲存腦中的記憶

Part 3

讓大腦輕鬆記住的祕訣——神奇數字7±2

回憶在虛擬的世界裡——造假的記憶

挑三揀四的記憶特質——初始效應與新近效應

讓大腦輕鬆記住的祕訣
——神奇數字7±2

有些學生總覺得自己的記憶力很好，每次都在考試前幾天才開始施展臨時抱佛腳的絕招，連續幾天努力把課本內容記下來，基本上都能夠拿到不錯的成績。但其實事情並沒有這麼美好，這種抱佛腳的功夫用來應付考試還可以，但過一兩個月後通常就都忘光光了，以至於在大考時幾乎要重念一次呢！

這樣的挫折讓人好奇：為什麼在範圍比較小的小考中，只要臨時K一下書隔天就能平安度過，但範圍稍微大的復習考卻反而行不通？可是明明在之前的小考就先看過也背過了，而復習考只是把好多小考內容加總起來而已，為什麼之前的那些努力就派不上用場了呢？

記憶也有分長短？

若要解答上述的疑惑，就要從記憶的兩個階段談起。在學習的過程中，記憶是被分成所謂的「短期記憶」與「長期記憶」，平常我們在接觸新事物的時候，所運用的都是短期記憶的能力，它能夠幫助我們立刻複誦並記下資訊。譬如在記一組電話號碼，或是上課邊聽邊寫下老師所說的重點，這個短期記憶的能力確實能幫助我們在短時間內做好許多事情，就好比臨時抱佛腳的效果，不過它有個致命的缺點，就是容量少且無法持續很久！

至於記憶的另外一個類型「長期記憶」，顧名思義就是能夠長久記住，它的功用能讓我們持續記著很多事情，譬如名字、出生年月日等等。靠著持續的回想及練習，讓原本很快就會被遺忘的事物被牢牢的記下來，這也是在學習階段中老師們總是強調要回家復習的原因，唯有不斷的練習和回想，才能夠將「短期記憶」轉換成「長期記憶」！

短期記憶中的「神奇數字7±2」

雖然在短期記憶裡我們存在著一些缺點，不過在近一百多年的時間，心理學家們做了很多實驗試圖了解人類短期記憶的能力極限，而且還從中找到一些超越極限的小技巧，其中以美國的喬治・米勒（George A. Miller）教授的研究最為出名。他在讀過許多前人的實驗結果，並綜合了自己的研究後，發現了一個很神奇的巧合，那就是在面對很多事物後若不刻意復習的話，我們的短期記憶最多只能夠記下「平均七件」事物。

米勒教授發現在很多的研究資料中，不論是對於聽聲音的記憶、看圖片的記憶，或是喝糖水的記憶，甚至是震動皮膚的記憶，如果一次只單純觀察某一種感官的記憶（視、嗅、觸、聽……）一個人平均的短期記憶容量是七件上下，而在不同的感官還會有所差異，但大概就是落在五～九件的範圍，因此米勒教授便將這樣的發現取了個名字：「神奇數字7±2」！

以視覺記憶的實驗來說，科學家邀請了一些人來做實驗，他們讓被邀請來的人先看一張圖片，過一會兒再問他剛剛是否有看過這張圖，此時他可以毫無疑問的答「是，有看過」。接下來科學家會慢慢把圖片增加到一次看兩張、三張、四張……，大概到七張之前都還能記得很清楚，但是當數量開始超過七張甚至是十幾張後，若要再叫他回答剛剛是否有看過這張圖片，他就會開始出現不確定甚至是錯誤。同樣的在其他嗅覺、聽覺、觸覺等研究上也有類似的發現，便有了所謂的「神奇數字７±２」的結論。

復習是最佳的祕密武器

看到這樣的結果，或許會疑惑：「怎麼才記得住七件而已」？其實不用太擔心，因為這個現象只會發生在沒有「復習」的情況下，心理學家發現如果想要增強記憶力，最好的方法就是去復習、熟悉它，而方法不只是讀很多遍而已，還可以運用各種高明的小技巧！

一、拆成小段

將這個方法運用的最好例子，就是背電話號碼。一般手機號碼是由十個數字組成的，我們在給自己的號碼或是記下別人電話的時候，通常都會把它拆成「四－三－三」的方式，譬如說0940-044-419，而這樣的方法會比一次直接記下0940044419方便且不容易出錯。米勒教授也發現如果運用這種方法去記憶的話，可以把記憶力提升到記住二十個物件以上。

二、唱首歌或編故事

回想在學習英文的路上，我們唱過很多的歌來幫助學習記憶，其中一個例子就是初學者必定會學的〈abc之歌〉，利用簡單的旋律及多次反覆的聽唱，在無形中就記下了歌曲裡面的字母及單字。

另一方面，國高中學習古文及唐詩時，我們並不會只看字面上硬背，還會聽老師解釋課文，了解其背後想表達的故事，利用這種深刻的故事情境，就有助於我們記憶，譬如述說花木蘭代父從軍的〈木蘭詩〉正是個很好的例子。

三、諧音口訣

運用這個技巧最佳的例子，就是記憶化學元素週期表。國中時期，同學們為了記那三十幾個化學符號總是很吃力，幸好有老師教大家一個背下惰性氣體的方法，他利用諧音把原本拗口的「氦、氖、氬、氪、氙、氡」轉換成臺語念法「害恁阿公三冬」（意思是：害你阿公三年），立刻就變成好記又好笑的口訣了！

為什麼復習很重要？

當學生的人都會覺得復習是件很麻煩的事，不過這個動作確實有其背後的道理。以心理學來解釋的話，我們所做的每一次復習，都是為了要讓自己能越快習慣，產生自動化的反應。舉例來說，當我們第一次學習「九九乘法表」的時候，總是要花很多時間在想三乘五是幾，三乘六是幾，並沒有辦法很快的反應過來。但當我們復習背誦了至少一百遍之後，就會慢慢發現自己其實是很自動的說出答案，甚至連想都不用想嘴巴就會自動念出來了。

若以另一個角度來解釋的話，在我們大腦中負責產生記憶的是神經元，而復習這個動作會刺激他們彼此的聯結。剛開始在不熟悉乘法表的時候，這些神經元是彼此分散無關聯的，但經過幾十遍甚至上百遍的練習後，那些原先鬆散的神經元就會變成連結強大的一群好夥伴，只要在未來接觸到乘法表的時候，它們就會很活躍的在大腦中彼此聯絡放電。

所以說只要抓到記憶的特質，透過有技巧的將知識分類，然後勤勤懇懇的去復習，那麼自然就可以將不持久的短期記憶轉換成長期記憶了！

回憶在虛擬的世界裡
——造假的記憶

這是個全家團聚在客廳看電視的美好午後，節目上正介紹著暑假某個遊樂園即將開放的新遊樂設施——暴怒神。

「欸！姊，你還記得我三歲去坐旋轉木馬時吐出來的事嗎？」阿新回憶著自己小時候的窘況。

「有嗎？」姊姊一臉疑惑的回應。

「有啊！我記得很清楚，當轉到第五圈時我就感覺不舒服，想吐想吐的了……」

「哪有可能！媽媽說那年只有我去而已，你明明在住院。」姊姊打斷阿新的話。

「怎麼會？……我到現在都還記得我吐在哪個垃圾桶呢。」阿新不甘示弱的想證明自己當年的存在。

「媽媽——」為了證明誰才是對的，姊弟倆漲紅著臉，大聲呼喊媽媽來證實。

虛假記憶

如果從出生開始算，讀者至少都活了十年以上吧！這大約三千多個日子裡肯定發生過許多事情，好比第一次要上學很緊張、參加畢業旅行興奮到睡不著，或是過年期間跟家人一起到哪個好玩的地方。但是有時候在聊起過去某個經驗時，卻發現跟家人講的內容不太一樣，好像那件事情並不是自己所記得的樣子，那種模模糊糊的感覺真讓人好不踏實，這是為什麼呢？

美國心理學家羅芙托斯（Elizabeth Loftus）就是專門在研究那些人們所記得，但卻與事實不符的「假記憶」。簡單來說，就是那些自己記得，但實際上卻不存在的過去事件。羅芙托斯博士進行了一項非常著名的記憶實驗——「在大賣場走失」。透過語言暗示，以及要求人們盡量寫下沒發生過的事件細節，竟可以輕易的讓人信以為真，以為自己曾經在大賣場走失過。

誰在大賣場走失？

羅芙托斯博士邀請二十四個人來參與實驗，他先去向參與者的家人詢問小時候所發生的事情，譬如說常去的大賣場是哪一個、曾經旅遊過的國家等等，為的是讓當事者更加確信這些事情都是真的。

接著博士會給予參與者一本筆記本，裡頭記載著小時候發生的四件事，並要求參與者在接下來的五天之中，盡量回憶出這四件兒時經驗的細節，如果真的不記得就寫下「我不記得」。

這四件事中有三件是參與者四～六歲期間真實發生過的事，但另外一件卻是未曾發生過，是在訴說著五歲時於大賣場走失的經驗。在這四項事件後面都會附上一大段空格以及幾句描述提示，像是在大賣場走失經驗中，就有「五歲的時候，你在全家最常去的大賣場走失」、「當時你哭得很大聲」、「最後是一位老先生注意到，並帶你回爸媽身邊」，讓參與者可以利用這些提示詞來填寫細節。

大家通常覺得對於沒發生過的事情應該會直接說「不記得了」、「沒發生過這件事」，但實際上在二十四位參與者中，竟然有七個人對於第四件根本沒發生過的事（在大賣場走失）做出回憶，也就是說他們七位產生了「假的記憶」，甚至在實驗結束後的訪談中告訴他們那段在大賣場走失的經驗其實是假的記憶，是實驗需求特地編造出來的，他們還是不敢相信那是假的，一直覺得那是自己真實發生過的事。

記憶的特性

你一定很驚訝為什麼那七個人會回憶出根本不存在的事，這就要從我們對記憶的誤解談起了。通常我們都認為記憶應該是很穩定的，在五歲時所產生的記憶應當要跟我們在二十歲時所回憶的一模一樣，好比是一首歌存放在電腦裡，就算你放得再久它都不會因此變成別首歌。但真的是這樣嗎？

心理學家給我們的答案是否定的！人的記憶並不會像電腦檔案一樣穩固，反倒是很容易改變，像是受到他人的暗示、過去的經驗或是新的事件所影響，都會對記憶有大小不一的修改，為什麼會這樣呢？這就要簡單談談記憶是如何形成的（有興趣的讀者可以翻到〈讓大腦輕鬆記住的祕訣——神奇數字7±2〉再復習一下）。

人在接觸新事物後，會在腦中產生短期的記憶，好讓我們能夠持續處理眼前的事情，譬如要立刻記下朋友剛念給你的電話號碼並且撥出去。短期記憶的作用是幫助你來完成眼前的事，但它只會短暫停留在你的腦海裡，也就是說時間一久必然會忘記。如果你想要記住久一點的話，這時候就必須要透過不斷的復習來將它變成長期記憶，這樣就可以記住好長一段時間不會忘記了。

那麼虛假記憶又是如何產生的呢？依照上述的實驗流程來看，參與者在一開始就接收到錯誤的短期記憶（認為自己有走失過），連續五天的回憶就好像是復習一樣，更使得原本不存在的記憶被轉換成長期記憶了，變成一項根本沒發生過的錯誤記憶。

天啊！我要怎麼辦？

雖然虛假記憶可能會造成一些不必要的麻煩，好比你跟家人因為回憶出不同的兒時情景而有所爭執，但卻還是有一些方法可以稍微更正這樣的現象：

一、向他人求證

試著透過周遭親朋好友的回憶，重新整理事情的原本樣貌。畢竟人多勢眾，無論如何總能夠拼湊出大概的樣子。但這是有風險的，那就是也有可能大家都記錯了，畢竟世界上不只有你會產生假記憶，對吧？

二、當下就先記錄

接下來這個方法就客觀多了，如果怕自己將來會忘記，那就在事件當下做記錄吧，好比透過寫日記或是拍照錄影等等，讓它變成一項實體的記憶，而非在腦海裡不斷回憶扭曲的事件。不過，它唯一的缺點就是只能記錄下看得到的部分，至於當下的情緒感受就無法被如實記下。

不過再怎麼樣，請記得我們的記憶並不像照片或是影像，可以把過去的事件完整的記錄下來，多多少少總會有缺失、修改的地方，除非哪一天我們變成機器人或是腦袋中植入了記憶晶片，才有可能解決假記憶的問題。目前為止能做的最好辦法還是：認清這個事實吧！千萬別強求，並且要放寬心，因為真的不是只有你會發生，這是每個人都會發生的狀況啊！

挑三揀四的記憶特質

——初始效應與新近效應

下一次上課要做實驗，所以要記得帶芹菜、塑膠碗、免洗筷、鹽、紙盒、砂紙、玻璃罐、火柴、圍裙、棉布、紅藥水和棉花棒。
趕快記下來！芹菜、塑膠碗、紅藥水和棉花棒……
咦？還有哪些……
我有錄下來喔！
居然來得及錄？反應也太快了吧！

「今天本店招待的點心有咖啡凍、抹茶布丁、紅豆湯、巧克力冰淇淋、布朗尼、烤布雷。」

「嗯……不好意思，可以請你再說一次嗎？」

「咖啡凍、抹茶布丁、紅豆湯、巧克力冰淇淋、布朗尼、烤布雷。」

「啊那……我點烤布雷好了。」

記憶U曲線

大家或許都有過類似的點餐經驗，服務人員好心的推薦今日特餐，念了一大堆聽起來非常美味的佳餚，一道兩道三道從法式春雞佐細麵再到德式酸菜豬腳佐薯泥，但這對於要點餐的你來說根本就是菜名記憶大考驗。如果沒有菜單可以看，點菜過程就會變成一種酷刑，最終只能透過拼湊或對哪道菜名最有感覺來完成。

一般人在同時聽到一連串好多個字詞時，會出現一種特別的現象叫序列位置效應，又被稱作「記憶U曲線」。這是說字詞所出現的前後順序，會影響到你能不能回憶起來。如果畫一張座標圖來說明，X軸代表字詞的位置，Y軸表示回憶正確率，我們的記憶則會呈現像一條U形狀的曲線，只對一開始及最後出現的字詞記憶最深刻。

用個例子來說明：請你依序念出下面這幾個名詞：「睡眠、薯條、枕頭、表格、耳機、水壺、天橋、筷子、書包、布鞋、網路、火車、國旗、香菇、籃球」。接下來，請閉上眼睛，想一想還記得哪些，能夠把它們全部記下來嗎？

初始、中間與新近

經過許多心理學家的驗證後發現，若要記憶連續大量字詞時，人們就會出現「記憶U曲線」——對於一開始及最後出現的字詞有最強的印象。更精細的來區分的話，這種對於一開始就出現的字詞比較有印象的現象稱作「初始效應」，而對於最後出現的幾個較有印象的現象，則稱為「新近效應」。

那為什麼我們會出現這兩種效應呢？心理學家推論，對於一開始所出現的字詞，我們有足夠時間去復習處理，讓它進入長期記憶（對於記憶的種類，請參考〈讓大腦輕鬆記住的祕訣——神奇數字7±2〉一文）；另一方面，對最後字詞有印象的新近效應，則是因為我們才剛看過它，字詞還處在短期記憶的處理階段，所以最新鮮、不易忘記。

那些中間不容易被記起來的單字，則是因為處在不新不舊的尷尬位置，即使復習了也比不上一開始出現的單字好，要說它才剛看過夠新鮮也比不過最後才出現的單字，因此被夾在中間的它們就顯得沒那麼容易被回憶起來。

但並非在任何情況下都會發生初始效應與新近效應，當字詞量太少時就不會，譬如被要求記「貓咪、橘子、眼鏡」三個字詞時，就不會出現記憶的差別。

通常在需要記憶十個以上的字詞時，這樣的記憶U曲線才比較明顯。

記憶的特性

在了解這些關於記憶的特性之後，可以試著回想是否跟自己的學習經驗很類似。如果把這樣的記憶流程套在一天八堂課的學校中，我們可以發現很高的相似度喔！

在學校的每一天，我們都會接觸到許多新的知識，課程一堂接著一堂，學習的內容持續的累積，原本覺得印象深刻，上一節才教的數學概念，只要時間一久就會變成不新不舊的「中間」知識。再加上短短的下課十分鐘，緊接著又是另一堂漫長的課，此時我們對於課堂上的記憶就會開始出現初始效應以及新近效應，會變得只記得老師一開始上了什麼，跟最後提醒的回家作業該做些什麼。

如何應對記憶流失呢？

要克服這樣的記憶特性，最好的應對方法就是透過「做筆記＋有效的理解」來復習，這不僅僅局限在課業學習上，它更是日常生活中讓我們精通遊戲，或是連貫小說劇情上的小幫手。

隨著資訊的快速累積以及記憶的U曲線，導致我們一接觸到大量的東西時就忘了一大半，明明才剛接觸的新單字、遊戲規則、漫畫連載……，不到幾小時馬上又會被更新更多的資訊給蓋過。為了要讓遊戲能夠順利進行、漫畫情節有連貫、學校課業能夠不忘記，我們必須要做的就是復習，就算只是單純在腦海裡回想也可以有幫助喲！

想要提升記憶，可以透過以下的方法來進行：

一、想像回憶

這個方法最輕鬆，不需要紙筆，我們只要在腦海中重新回想一次剛剛所發生的事（上課所教的、漫畫所看的、遊戲進度等等），透過不斷的重播回憶來復習所發生的情境，將它轉換成長期記憶。

二、筆記與照片

這是需要花一點工夫的復習方法，透過工具把眼前所見所聞轉換成文字及圖像，讓原先摸不到碰不到的記憶變成有依據的紙本線索，而這個步驟就像是在書本貼上書籤一樣，能幫助往後回憶及復習時可以更快速的找到起始點。

三、套用至生活

這必須要花更多心力，要對所接觸到的資訊有一定程度的理解與舉一反三的能力才行。譬如在生物課學到昆蟲的變化形態，若只從課本裡有限的文字或圖片資訊來理解，其實只僅限於表面而已。但如果能透過戶外觀察，甚至是回家實際養毛毛蟲，觀察牠們如何化成蛹，再慢慢變化形態破蛹而出成為一隻蝴蝶。將原先抽象的文字描述轉換成親身經歷，讓生活中時時刻刻都變成記憶點，以後只要看到任何一隻蝴蝶，甚至是相似的昆蟲譬如蠶寶寶，都能夠輕鬆想起生物課上所教的知識。

你說的與我想的

Part 4

與陌生人攀談，勝過滑手機？——搭訕技巧

看到別人出糗，為什麼會想笑？——冷血與親近之別

情人眼裡出西施？——月暈效應

紅色代表女生，藍色代表男生？——大腦省力機制

第一印象為什麼很重要？——印象的祕密

與陌生人攀談，勝過滑手機？

——搭訕技巧

今天是重新分班後的第一個上學日，小李昨晚就開始擔心，不知道會跟什麼樣的人同班，所以整晚都沒睡好。此刻站在教室門口的他，即將要面對的是全班陌生的同學……

「哎呀好尷尬啊，連一個認識的同學也沒有！」

「如果臭阿新也跟我在同一班那該有多好！」

「那個同學的鉛筆盒好像掉下去了，我到底要不要開口跟他說？」

真的有那麼尷尬嗎？

人類不僅是群居動物，生活中許多快樂的回憶也都會與他人相關，例如與家人的團圓飯、跟朋友一同出遊等，每人一生中都會認識上千位的朋友，但這種熱愛互動的情境並不總是存在著，得與他人熟識到一定程度才行。換句話說，當周遭沒有熟識的朋友時，人們是非常安靜冷漠的。譬如我們第一次到新班級面對許多生面孔時，往往會選擇安靜的坐在位子上，拿出課本低下頭翻閱而不是跟新同學交談；坐在大眾交通工具上時，面對車內其他素昧平生的乘客，會視而不見的掛起耳機沉浸在自己的小世界……。對於平時渴望互動的我們來說，到底是什麼原因促使我們在座位之間隔起一道又一道的隱形屏障？

芝加哥大學兩位心理學家艾普利（Nicholas Epley）和施羅德（Juliana Schroeder）認為，這可能是因為人們以為與人保持距離是最好的選擇，也不會打擾到他人，這使得我們傾向不和陌生人交談。但這是真的嗎？為此他們設計了一個有趣的實驗，看看人們與陌生人交談後真的會引發不舒服的經驗，還是會讓我們更開心？

火車上的交談

研究人員在早晨的通勤時間，到火車月臺上邀請民眾來參加實驗，並把他們隨機分派到以下三種任務：
一、控制組：只需要保持原樣，繼續做自己的事即可。
二、疏離組：刻意坐在離陌生人稍遠的座位，然後做自己的事。
三、聊天組：要主動與陌生乘客交談。
每一位參與者在火車旅程開始前，必須對這些接下來可能會發生的情境進行評估，譬如想像待會兒在旅途中，要一直找陌生人聊天的話，會是怎麼樣的經驗。
接著每個人都上車完成所分派的任務，結束後訪問他們幾個問題，包括這趟旅途是否有交談，有的話則盡可能的描述陌生人的相關資訊；如果沒交談，那麼是做了哪些事情（看書、睡覺、思考、工作……），並自己評估這趟旅程的心情感受。

談天後更愉悅

結果出乎眾人意料，一般我們會覺得主動跟陌生人聊天怪怪的，但聊天組的那些人在主動與人交談過後，比起其他兩組的人有更高的愉悅感，並認為這是一趟好的經驗。這與大家在出發前的想像評估大不相同，大多數人都認為跟陌生人交談會比較不愉快，結果明顯違反一般民眾的直覺。

這樣看來，只要我們肯踏出去第一步，有勇氣與陌生人交談，就能夠獲得好的經驗，如果是在交通工具上，也有助於使這次的旅程有了好的開始。但相較於內向不擅長與人交談的人，是不是就比較劣勢？也不一定哦，不管是外向還是內向的人，只要願意表現出外向的交友方式，都能獲得相似的快樂社交經驗，也就是說內向的人可以透過一些互動技巧來得到愉快的經驗。

以下提供三種有效的互動技巧：

一、信心動作

當我們想與他人聊天卻遲遲擔心而跨不出去時，不妨做幾個讓自己感覺很有信心的姿勢，譬如先在一旁抬頭挺胸、偷偷比個勝利手勢，雖然看起來有點怪，但有信心的肢體動作能協助分泌有助於我們主動前進的冒險荷爾蒙哦！

二、主動回應

在〈就憑一張嘴，拉近你我關係——說話的藝術〉一文中，提及四種不同的談話模式，其中主動建構回應，是能夠提升雙方談話效率，以及拉近彼此關係的方法。當我們在與對方談話時，能夠給予正面的回饋，讓對方感覺到你有用心聆聽他說的每一句話，自然會讓彼此都樂於繼續進一步的談話！

三、分辨錯誤想法

一般人常會認為，當我們選擇與人保持距離，在自己的座位上滑手機、睡覺、看書時，絕對不會有任何不快樂的感覺。但是當與陌生人交談時，卻必須要面臨有可能跟他談得很開心，以及可能因意見不合或沒話題聊的兩種極端情況，而為了避免這種負面結果的發生，我們選擇保持距離居多。

但根據上述實驗結果就知道，我們內心對於「若跟他人搭訕會造成意見不合或無話可說」的想法應該是不正確的，實際上這麼做之後可以讓人更開心。那要如何讓自己更有勇氣去克服錯誤的想法呢？我們可以試著回想曾經發生過的好經驗——也就是那些因為自己主動與人搭訕而得到的快樂經驗，好比第一次認識阿新與他交談時，發現原來這位坐在隔壁的同學是這麼有趣。當我們漸漸了解原來自己心裡面的害怕都是想像出來的，與過往的經驗不合時，就會逐漸不被內心的恐懼給困擾！

分享了這麼多搭訕的小技巧，如果你反覆思量後還是覺得不想要認識隔壁同學，那就不要勉強自己去做。但相反的，若你想試著突破自我，結交更多朋友時，絕對要抱持著一顆真摯的心與尊重的態度，這樣不僅可以交到新朋友，雙方也都會留下很好的經驗哦。

看到別人出糗，為什麼會想笑？

——冷血與親近之別

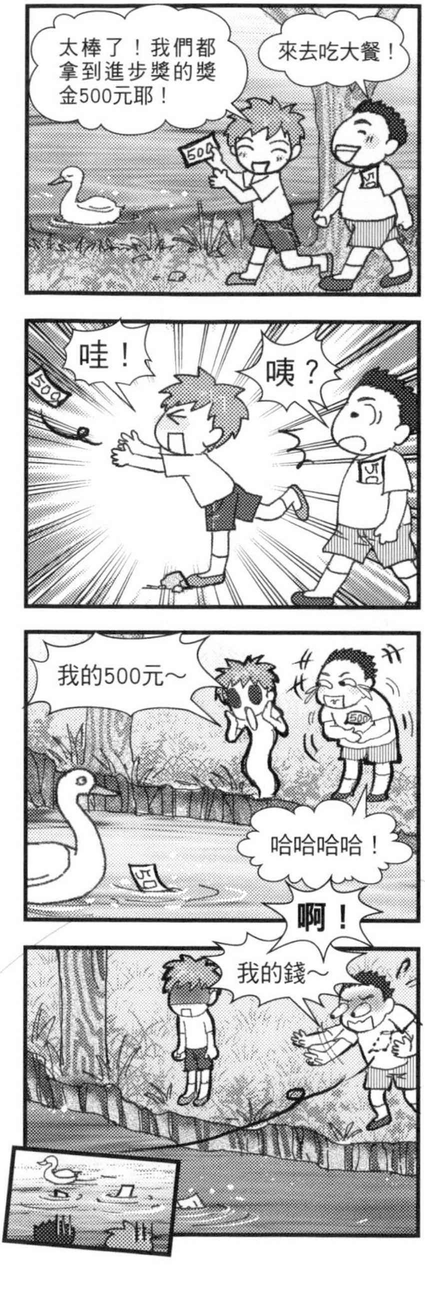

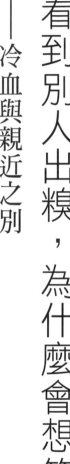

今天星期天，也是阿新與班上一群好朋友約好要打球的日子，一夥人很開心的跑到公園小球場準備來個鬥牛，但突然間不知怎麼的，阿新覺得肚子特別痛……

「哇啊，肚子好痛！該不會是昨晚的麻辣鍋在作怪吧！算了，忍一下吧，再一會兒就要結束了。」

「不行了！啊啊啊啊！噗～噗～噗～」阿新就這樣在大夥面前放了一串響亮的屁。

「哈哈哈哈……屁新！」大家先是愣住，接著就瘋狂大笑，有的人笑到跌倒，有的人還流出眼淚，只有阿新一個人尷尬的想趕快逃離現場。

距離決定好笑的程度

類似的情況想必不陌生，看到身旁的朋友摔個狗吃屎，明明應該要去關心他卻又忍不住先大笑出來；當看到陌生人因為走路的動作太大，而不小心把褲子扯破時，我們也會情不自禁的笑出來。到底為什麼我們在看到別人出糗時會想笑，單純是幸災樂禍的本性，還是這背後有某些原因？

美國科羅拉多大學的心理學家麥格勞（Peter McGraw）觀察了許多類似的情況後，推論認為好不好笑或許跟我們與這件出糗的事「距離」多遠有關，所謂的「距離」包含了四種類型：

一、空間的遠近：這件事在你身旁發生或是在遙遠的國家發生的。

二、時間的遠近：這件事是很久以前發生的或最近。

三、人際的遠近：這件事是發生在自己的親友或是陌生人身上。

四、真實的遠近：這件事是真實的或者是編出來的。

為此他做一連串的小實驗來支持自己的推論。麥格勞教授讓來參加的人比較以下兩組的情況，想要確認在人際上的遠近是否會影響好笑程度。

A.有個陌生人因為一個不小心，竟然把六萬塊捐出去。（距離遠）

B.我的朋友因為一個不小心，竟然把六萬塊捐出去。（距離近）

A.有個陌生人因為一個不小心，竟然把一百元捐出去。（距離遠）

B.我的朋友因為一個不小心，竟然把一百元捐出去。（距離近）

結果發現：參與者認為陌生人不小心捐出六萬塊會比朋友不小心來得好笑，但在一百元的情形下則會認為朋友比陌生人好笑，這樣的結果也與麥格勞教授當初的推論相符合，好不好笑確實會受到人際距離的遠近所影響。

你竟然笑我！

雖然麥格勞教授的結果符合原本的預期，但除了「距離」外，其實還有另一個很重要的因素影響著好笑程度，那就是發生事情的「嚴重性」，而這裡的嚴重是以不危害生命為前提。

這麼說還是有點抽象，就先讓我們換一個角度來看看，如果現在不小心捐了六萬塊的人變成是自己的時候，應該就不覺得好笑了，因為這件事情對自己來說已經嚴重到連笑都笑不出來了。

其實好不好笑的點，必須要搭配兩個要素：距離和嚴重性。當事情較嚴重但離我很遠時——可能是發生在陌生人身上或是一件五年前自己的糗事，可能就會使我們覺得好笑；相反的，事情比較不嚴重但離我比較近——可能是發生在朋友身上或者是昨天的糗事，也較容易讓人覺得好笑。綜合來說，最適合讓人覺得好笑的條件是「嚴重性高＋人際距離遠」以及「嚴重性低＋人際距離近」。

以下舉一個例子來練習看看：你因為心不在焉踩到路邊的水窪，一個踏步把泥水噴得整腳都是，但第一時間你的朋友竟然只顧著大笑，而不來關心你是否有扭到腳。會有這樣的反差是因為，對我們來說踏到水窪是一件很丟臉的事，畢竟褲子被弄得都是泥水。不過對於你的朋友來說，這是一件發生在他親近的朋友身上——也就是你（距離近），事件本身也不會危及到你的生命（嚴重性低），因此他會先笑也是情有可原的。

接著我們再換另外一種角度來分析：同樣是腳踩到水窪這件事，事情發生的當下對我們來說一點都不覺得好笑，可是若將時間距離拉長遠一點，或許再過個三、五年我們再次回想起來，就會覺得當初自己竟然因為心不在焉，而弄得一身泥的樣子很好笑。在這個例子中我們所經歷的是「時間的距離」，當從前的事情被時間給拉遠時（距離遠），原本當下覺得很糗的事情（嚴重性高），也會因為拉遠的關係變得有點好笑。

為什麼會笑呢？

人類為什麼會因為這些事情笑，但在另一些狀況下就不笑呢？科學家並沒有明白得很透澈，目前有一個說法是認為笑能夠促進我們的社交。

有一種情況可以解釋「笑有助於社交」的論點，那就是當你突然加入一群人，而此時他們正好都因為某個話題在笑，通常這種情況下你應該會先跟著笑才對，雖然你根本不知道他們在笑什麼或哪裡好笑，不過為了可以盡快融入他們，你會選擇先笑再說。而且我們也常說「伸手不打笑臉人」，笑代表著善意，若是他人對你表達善意，自然你也不能對他太壞吧！

另外，笑還有一個好處，就是「笑」這個動作會促使我們腦中分泌化學物質腦內啡，這種物質有鎮痛效果，能幫助我們降低疼痛的感覺，同時也可以讓我們感到愉悅。

看完以上的分析，以後就會知道，如果遇到別人出糗的時候自己想笑，並不是因為你幸災樂禍或是沒有同理心，只是因為事情的距離比較遠（因為不是你）而且看起來不嚴重。但是為了顧及對方的感受，還是要趕緊去關心他。不過如果你有本事讓他也跟著笑出來的話，這不僅可拉近雙方的距離，還能夠幫他的腦中分泌鎮痛物質呢！

情人眼裡出西施？

——月暈效應

我們看自己喜愛的人總是覺得那麼完美，這種感覺不僅限於男女朋友，也包括我們喜愛的偶像和死黨麻吉。不過，在其他人眼中卻未必如此。我們的男女朋友在局外人眼中，也許是個懶惰鬼；我們喜愛的偶像在他人看來，也許除了外表出色之外毫無才藝。為什麼明明是同一個人卻有這樣十萬八千里的差別呢？這其中到底發生了什麼變化？讓我們以心理學的角度繼續看下去……

月暈效應

「外表打扮乾乾淨淨，就代表他的生活習慣很好嗎？」

「功課表現好，就表示人品好嗎？」

「外表英俊或美麗，就一定是好人嗎？」

如果你對以上三個小問題的答覆有猶豫了一下，那很好，表示你察覺到一些不太對勁的地方了。在這邊跟讀者分享一個心理學的現象——「月暈效應」，這是美國著名心理學家愛德華・桑代克（Edawrd Thorndike）於一九二〇年所提出的。它是在談我們對另一個人的印象，有時候會因著他某一個面向的特徵或行為表現，就直覺認為他在其他方面必定也呈現類似的狀況。舉例來說，當我們看到有氣質的人，會覺得他的個性也會很溫柔；看到功課好的人，會覺得他應該也是心地善良。這樣的月暈效應不僅限於好的方面，反之在不好的方面也一樣會發生，例如看到一個長相凶惡的人，就較容易覺得他的脾氣一定很暴躁。桑代克教授所提出的月暈效應，其實也與中文成語裡的「以偏概全」有著異曲同工之妙！

為什麼會發生月暈效應？

在與他人互動時，其實我們不會有太多的時間去做深入的認識，除了天天會見面的家人比較有可能在更多時間去了解外，其他的朋友、同學們則大多是在特定情境下才會有相處的機會。好比你跟同學只會在學校的情境下互動，跟鄰居朋友也只在課外的情境下相處，而這也是會產生月暈效應的關鍵——「必須要用某一個面向的特徵來推論其他面向」。簡單的說，就是我們會自然而然以同學在教室期間給我們的印象，類推到其他時候的他，如果同學在學校的課業表現都很好，我們也會傾向推論他在其他場合的表現一定也很好；反之如果功課不好，我們也會傾向認為他在其他方面也不好。

到底為什麼會發生月暈效應呢？這要從大腦的限制說起。對於外在事物的處理，我們總是利用有限的注意力去面對，因為如果要將所看到聽到的每一個事物都一一分析處理的話，那大腦就會消耗太多能量，導致最後會能量不足，或是每件事物都處理但品質不佳。以前面的例子來說，當我們想要澈底認識一個人時，就必須要參考很多面向的他才行，好比上課時候的他、私底下的他、運動場上的他、家庭裡的他……，而了解每一個面向的他之後，我們可能會發現其實不一定全部是好的，當中或許有的表現特別突出，有的卻是差強人意，那這樣不就出現矛盾了？我們會很困擾，他到底是一個「好」的人，還是「不好」的人呢？為了防止這樣的難題發生，大腦就發展了省力的方式——利用一點點資訊來推論到其他面向，也就是所謂的「以偏概全」或「月暈效應」。

善用月暈效應，促進人際互動

了解月暈效應，最重要的是幫我們運用到實際的人際互動上，提升他人對我們的好感，而最簡單的方式就是——引導別人看到我們的優點！

為什麼會這樣建議呢？因為正如月暈效應的定義：「用某一個面向的特徵來推論其他面向」，如果能引導別人先看到我們的優點，那麼對方就很容易認為我們在其他面向應該也是好的，如此一來就容易留下好印象。不過在此要提醒的是：如果想要以這種方式長久的提升人際互動通常不太可行，畢竟當雙方有更深入的互動之後，必然會漸漸了解我們的其他面向，也會看到我們的缺點和毛病。如果你覺得只要在他面前維持某種形象，卻不改進其他的部分，可能到最後還是會吃虧的。因此最好的建議是，除了讓自己的優點能夠被看見之外，在缺點的部分至少也要改善到及格邊緣喔！

換個角度運用

在前一段提到的是如何讓別人在剛認識的時候，運用月暈效應以提升好印象，而如果換個角度來看，當我們在跟他人互動時，要如何把它利用恰當，才能夠「全面的」去認識我們想相處的人，以降低在更認識他之後出現前後不一的矛盾感呢？譬如在認識初期覺得對方各面向都很好，但相處久了才發現其實有些方面表現得不如預期而感到失望。

以下提供兩個建議：

一、練習觀察你和他人互動時有無「以偏概全」的情況發生。

二、記得常常提醒自己：沒有任何一個人是完美的。

當我們仔細觀察生活中與他人互動時，其實很容易就看到我們常常會有以偏概全的現象，但因為這是一個必定會發生的現象，即使自己再怎麼努力的想要避免可能還是無法完全做到，畢竟它是讓我們大腦能夠節省能量的方法。那麼在這樣一定會發生「月暈效應」的狀況下，我們該怎麼去面對呢？比較好的方法是從想法認知層面來著手，譬如時時提醒自己：沒有一個人是完美的，連我們自己本身都是一樣。即使在認識一個人的初期（如熱戀期），他讓你覺得相處起來很舒服，似乎沒有任何缺點，但請記得他一定會有比較不在行、需要改善之處，所以不如先認清每個人都有優缺點吧，這樣我們才不會在看到他的缺點時，感到太大的失望。

紅色代表女生，藍色代表男生？

——大腦省力機制

小明家隔壁的阿姨最近剛生了一個小寶寶，聽說有著大大的眼睛長得很可愛，於是小明決定趁著晚上阿姨在家的時候去拜訪他們。一走進門，他看到的是一個可愛的小寶寶，穿著水藍色的嬰兒套裝，身旁擺著一堆恐龍玩偶，所以他便開口問了阿姨：「這弟弟好可愛，叫什麼名字呀？」

阿姨露出疑惑的眼神看著小明回答：「她是小妹妹喲，叫做小可。」他心想這個穿藍色衣服，身旁有著一堆恐龍玩偶的嬰兒是小妹妹嗎？應該是弟弟才對吧！於是小明又再問了一次阿姨：「所以小弟弟叫做小可囉？」這次阿姨有點不耐煩的大聲回他說：「她是小妹妹啦！」此刻小明即使心裡還是有點困惑，但也不敢再問下去了……

太奇怪了，按過去的經驗都是這樣判定的——穿藍色衣服的應該是男寶寶，一定是因為那個阿姨太奇怪了，才會給可愛的女寶寶穿上屬於男生的藍色衣服。另外阿姨也不應該給她恐龍玩偶，女生應該要給洋娃娃才對吧！

看完上面的故事如果你也有一樣的疑問，那就讓我們來仔細挖掘這個問題背後到底是怎麼一回事，為何有時候簡單的推論是行不通的吧。

比子彈還快的思考

在這個資訊爆炸、每天都會接觸新事物的時代，為了不讓大腦因為資訊量過大而負荷不了，我們必須找到一種好的方法來應付成千上萬種的外界刺激，剛好在人類大腦中便有這麼一套能夠快速辨別事物的機制——「捷思法」（heuristic）。顧名思義，「捷思」就是能讓我們「敏捷思考快速反應」的一套機制，而這樣的思考速度是非常快的，而且它是自動發生的，我們並無法刻意控制它，幾乎是在一眨眼的瞬間就能夠完成替事物分類，甚至是找到規則等複雜思考。

在日常生活中有許多類似的例子都運用到捷思法，譬如說「紅色代表女生，藍色代表男生」、「金頭髮白皮膚的就是美國人」或「日本人就愛吃生魚片」，甚至是初次到一個陌生環境時只因看到別人在排隊你就會跟著排隊，即使不知道這個隊伍是在排什麼等等……

我們的大腦為了讓我們可以節省一點精力去思考，因此儲存了很多這樣的小規則（例如：藍色代表男生），而每次的經驗印證後，都會讓我們在下一次遇到類似事物的時候更依賴腦中的這些小規則。也就是說如果我們看到十次穿著藍色嬰兒套裝的小嬰兒都是男生的話，在第十一次看到同樣打扮的小嬰兒時，我們會依賴腦中的小規則認定這個小嬰兒一定也是男生才是！

快不一定是對的

但凡事都會有例外，沒有什麼是絕對的，就像開頭故事中的小明搞錯小嬰兒的性別一樣。毫無疑問的，捷思法是要幫助我們在短時間內找到事情的規則並快速做出反應，但是這樣快的思考卻也有它的缺點，因為有些事情並不會照著我們所認為的運作。好比有些男生喜歡穿紅色衣服、有的日本人並不愛吃生魚片、前面排隊的人是在排廁所而不是在買車票等，所以這方法快是快，但並不一定每次都是對的。

這麼說並非要大家完全拋棄捷思法，它的確是有瑕疵，但已經足夠應付大部分的事物。不過就如同一句流傳已久的智慧「小心為上」一樣，有時候一點點小錯誤並不會帶給我們太大的困擾，但如果是碰到生死攸關大事時，我們就要特別小心捷思法可能帶來的致命傷害。好比說坐在摩托車上時到底要不要戴安全帽呢？若按過往的經驗，戴了一百次也沒出過車禍，而只是因為今天的天氣十分炎熱，想偷懶不戴帽子通風一下，卻很有可能因此在第一百零一次時釀成大禍！

互補的兩套思考模式

要如何平衡捷思法可能會出現的錯誤呢？有兩個很好的方法可以運用：

一、增廣見聞

透過多閱讀，多到戶外走走、接觸更多事物，我們便能夠持續累積屬於這世界的知識，才能夠知道許多事情的例外是什麼樣子，而這樣有助於我們將來有所防備及預期。

二、慢點思考

這裡所指的是在大腦自動執行捷思機制後，我們可以將它所歸納出來的規則當作是參考答案，不一定要立刻就回答說藍衣服的就是男生，反之能夠試著在腦海的過往經驗中找尋是否有其他看過的例外，並在捷思以及慢想之中衡量出最恰當的答案。

以開頭故事為例，小明可以試著以「這小寶寶是男生還是女生呢？」的開放問題來詢問阿姨，而非執意認定藍衣服的就是男寶寶的態度去發問，這樣就不至於會惹惱阿姨了。

運用到生活上

在日常生活中我們藉由「捷思」以及「慢想」兩套機制互補運作著，需要快速反應或是沒有太多精力讓我們去消耗時，捷思便是一個很好的機制。我們能夠透過有代表性的事件來當作往後的參考依據，好比去過一次麥當勞之後，在第二次去類似的速食店時，便能馬上知道要去櫃檯點餐，而不會像是去其他餐廳一樣呆呆坐在位置上等服務生來點餐。

若換個情況，在我們比較不熟或者完全陌生的情境下，「慢想」就是另一個很好的機制，雖然大腦依舊會快速產生一個參考的答案，但有時候答案並非是恰當的，還需要考慮到其他因素，譬如看到爸爸媽媽生氣的時候，也許只要稍微撒撒嬌就好了，但這樣的方法卻不一定適用在老師生氣的時候。

不過孰能無過呢？這世界上並沒有任何一個抉擇是完全正確的，想要讓自己表現出較恰當的不二法門，還是要多讀多看多走，透過經驗的累積以及更多的思考練習，漸漸熟能生巧後，我們就會有更多信心去面對各式各樣情境的問題了。

第一印象為什麼很重要？

——印象的祕密

明天是個大日子，因為班上即將來一位新的國文老師。同學們都非常興奮的討論，並且到處去打聽八卦消息，連小李與阿新都忙著交換小道消息……

「欸欸欸！聽隔壁班的人說新來的老師很嚴格耶，單字本都必須要寫得很整齊才行呢！」

「可是我昨天聽我姊姊說老師很用心，雖然單字本要寫好，不過只要寫完就能出去打躲避球。」

「騙人啦！我還是覺得那個老師一定很恐怖，完蛋了！我皮得繃緊一點嘍……」

「算了，等老師明天來你就知道了，他人真的很好，絕不騙你！」

形成印象的祕密

為什麼小李和阿新談論的是同一個對象，卻會有如此大的印象差別？明明那個人的行為舉止是一樣的，各人解讀起來卻相差十萬八千里。在實際生活中，別人對我們的印象也是這樣的，有些人對你印象很好，另一些人可能就會不喜歡你。這樣的現象常常發生在生活中，從偶像明星到隔壁班同學，印象的生成往往都是在很奇妙的過程中就出現了。

對於印象是如何生成的，心理學家一直都對它感到好奇，也做了許多觀察與研究。一九四六年美國有名的社會心理學家索羅門・阿希博士（Solomon Asch）更是做了一系列的研究，他發現當我們與別人接觸時，雖然會觀察到好多面向的個性特質，但最後產生的印象卻不一定是這些觀察結果的總和，因此他很好奇是哪些重要的規則在造成這樣的影響。（阿希博士就是在〈跟著人群走，就對了嗎？──羊群效應〉一文裡，研究羊群效應的博士）

在阿希博士的一連串研究中發現，當我們依不同順序的個性描述去認識一個人時，往往會產生截然不同的印象。簡單來說，先列出一連串會用來形容人的詞，其中有優點也有缺點，包括聰明、勤奮、衝動、愛批評、固執、嫉妒等，接著他用兩種不同方法來排列：

一、A同學是一個聰明、勤奮、衝動、愛批評、固執、嫉妒的人

二、B同學是一個嫉妒、固執、愛批評、衝動、勤奮、聰明的人

阿希博士讓兩群人分別看完A、B同學的描述後，詢問他們對這兩個同學的印象。結果大部分的人對於A同學有著比較正面的印象——認為他是個有能力，表現非常好，但在某些方面會比較自我堅持的人；但是對於B同學則有比較負面的印象——認為他是個麻煩鬼，雖然能力不錯，卻會被一些負面的性格而影響。

從積極到消極

為什麼會這樣呢？對於A、B兩同學的描述完全一樣，差別只在A是從積極正面再到消極負面，B則顛倒過來，但僅只是這樣簡單的排列順序動作，卻對我

們印象的生成產生極大的影響。

這意味著我們會受到一開始的第一印象的好壞所影響，當認識一個人時先看到他的積極面，就會產生比較好的整體評價，對於他的印象也偏向是正面的；相反的，當看到的第一眼是消極面時，即使他最後的表現變成正面，也沒辦法產生類似於給人較好第一印象的那些人的正面評價。同樣的，在生活中也能夠找到許多類似的例子，譬如我們對於那些有前科或不良記錄的人，即使他做再多好事，洗心革面，還是很難扭轉我們對他的第一印象。但對於那些原先就表現很好的人，像是學業成績良好的同學，就算他最後做出不好的行為表現，通常人們仍然會認為他本質還是好的，只是遇到了一些困難而已。

如何產生好印象？

了解這些知識之後，就來見招拆招吧！想要讓別人對我們有較好的印象，不外乎就是先讓人看到我們較好的一面，譬如在初次見面時我們總會講自己好的地方，或是對陌生人時表現得都較為禮貌，大致來說這算是基本的人際互動。

如果已經給人不好的印象了，想要扭轉成為讓人有好印象的話，將會比上述的狀況更困難些，必須花費更多努力去建立好的形象。譬如你原先都給人固執的形象，若是想要扭轉大家對你的印象，可以試著去建立其他的正面特質，像是創意或幽默感，即使大家仍然認定你是一個頑固的傢伙，但只要你其他方面夠突出，別人就會漸漸不太關注你的缺點，畢竟人是一種注意力有限的生物。

若想要更了解其他人，減少對他人產生偏見的話，在讀完這篇文章想必能夠理解，自己會對某些人有較正面或負面的印象，很可能是因為剛好我們先從特定面向的特質去認識對方。雖然我們無法擺脫人這樣的本性，可是為了能夠平衡而全面的去認識對方，不妨試著去聽聽看更多人對他的看法，或者乾脆自己花時間去觀察吧！

雖然很難做到，但還是有小技巧

在試著平反對他人偏差印象的過程中，其實是不簡單的，好比明明覺得那個人就是小氣鬼討人厭，要去看到他好的一面，簡直比登天還困難。為什麼還要花那麼大的力氣去練習呢？原因很簡單，如果換個角度來看，每個人都有好的一面跟壞的一面，我們也不希望別人都忽略我們的努力及好的一面啊，因此將心比心，當我們對某個同學印象不好時，試著尋找他的優點，也許會因此而扭轉過於偏差的看法。

至於要怎麼著手呢？簡單來說，就從「注意力」下手吧！我們會不自覺的去關注那些你認定的特點，譬如認定他是愛批評的人，你就會一直去找他評論人家的證據。這次可以試著多花點心力看看別的特質，那些他一直表現得不錯的地方，好比熱心助人等等，或許只要多試著觀察他不同的面向，對他的印象就會有很不一樣的感覺喲！

打造正向的世界 Part 5

就憑一張嘴，拉近你我關係——說話的藝術

擺對姿勢，讓你更有信心——行為的宣言

專心做事，是快樂的不二法門——不分心最開心

越是禁止，越想去做！——白熊效應

獎勵越多，就會表現越好？——獎金與壓力的槓桿原理

就憑一張嘴，拉近你我關係

——說話的藝術

今天小李終於買到期待已久的公仔，於是興高采烈的向好友阿新分享這件好事。「嘟嘟嘟嘟……」，電話響了幾聲之後終於接通了。

小李：「喂，阿新！我跟你講喲，我終於排到那隻限量版魯夫公仔了耶！」

阿新：「噢，是喔！」

小李：「真的超幸運的，那是我收集好久一直好想要好想要的最新版本喲！」

阿新：「喔，很好呀！」

小李：「我早上六點就排隊了呢，好險輪到我的時候還有貨，你都不知道後面還有多少人！」

阿新：「嗯嗯。」

小李：「你怎麼好像沒有興趣呀，算了我先回家，下次再打給你好了！」

四種說話方式

如果仔細觀察平常與其他人的對話會發現，很多時候我們總會無意間落入阿新的角色，雖然不是故意的，但自己簡短的回應反而讓對方覺得有點受傷，而原本預期會很開心的對話也被自己的不小心給破壞興致，由此可見我們說話的方式其實是會影響到自己和對方的關係。那我們到底該怎麼樣與他人應對呢？首先就來認識一下有哪些回應方式。

美國心理學家雪莉・蓋博（Shelly Gable）與她的夥伴在觀察許多對話記錄後發現，我們平常的對話可以分為四種類型，分別是主動回應、被動回應、主動破壞、被動破壞。以下就用小李與阿新的例子來模擬這四種回應的模式：

一、主動回應

小李：「喂，阿新！我跟你講喲，我終於排到那隻限量版魯夫公仔了耶！」

阿新：「噢，真的嗎？也太幸運了吧！」

小李：「真的超幸運的，那是我收集好久，一直好想要好想要的最新版本喲！」

阿新：「好替你開心喔，你終於收集到了耶，那是你一直嚷嚷很久的那一款呢！」……

從這類型的對話中，我們可以看到阿新是很主動的，會根據小李講的內容給予正面的回應，而且會讓小李覺得他是很真心的在聽，這樣的對話方式確實能夠拉近雙方的關係，彼此都有被尊重及在乎的感覺。小李講完電話一定會更開心，因為他覺得好朋友也跟他一樣很開心。

二、被動回應

小李：「喂，阿新！我跟你講喲，我終於排到那隻限量版魯夫公仔了耶！」

阿新：「噢，是喔！」

小李：「真的超幸運的，那是我收集好久，一直好想要好想要的最新版本喲！」

阿新：「喔，很好呀！」……

這樣的回應方式就是文章一開頭的例子，雖然阿新有回應小李，但聽起來比較是被動的，而內容也會讓對方覺得像是在敷衍，沒有認真聆聽，往往沒談幾句話就讓人覺得無趣而終止。小李會覺得他把阿新當作好朋友，才會在第一時間跟他分享自己的喜悅，但阿新卻一副沒興趣的樣子，直接的潑了一盆冷水。

三、主動破壞

小李：「喂，阿新！我跟你講喲，我終於排到那隻限量版魯夫公仔了耶！」

阿新：「噢，所以勒，那又怎樣？」

小李：「真的超幸運的，那是我收集好久，一直好想要好想要的最新版本喲！」

阿新：「可是一隻就要一千塊，真的很浪費錢！噢，我真搞不懂你！」……

在這類型的回應中，很明顯的會發現阿新的話語中充滿破壞性，會讓小李覺得不論說什麼都被反對，原本希望分享的快樂喜悅瞬間轉變成不尊重與充滿負向的情緒，通常還會伴隨著許多不耐煩的肢體動作譬如深鎖眉頭等等，以後小李可能就會不想再跟他分享這種喜悅了吧！

四、被動破壞

小李：「喂，阿新！我跟你講喲，我終於排到那隻限量版魯夫公仔了耶！」

阿新：（低頭做自己的事）

小李：「真的超幸運的，那是我收集好久，一直好想要好想要的最新版本喲！」

阿新：「蛤？你剛說什麼？你是說待會兒要去吃飯嗎？」……

在這類型的回應中，會覺得阿新似乎沒有在聽小李講話，甚至還分心在滑手機，而這樣的對話方式卻是最常出現在如今的科技時代。仔細回想自己平常在家裡是不是會出現父母在說話的時候，我們卻是在滑手機或看電視，結果漏聽了一些訊息呢？

主動回應的好處

心理學家馬丁・塞力格曼（Martin Seligman）在研究中也發現：若我們常在生活裡使用「主動回應」的方式，就能夠讓我們跟對方的關係發展更正向，讓對方更喜歡與我們聊天，因為總能在對話中得到好的回應。在家庭對話中如果也充滿主動回應的話，也會讓家人的關係更好。

看完上面的研究結果，不妨回想一下自己在生活中與他人對話的狀況，是不是真的像心理學家做的分析呢？仔細想想當我們有比較快樂的對話經驗時，都是那些能夠讓我們覺得有被在乎傾聽的時刻，例如三、五好友在暑假約出來吃飯聊八卦的時候，或是一段有深入討論的對話，或是跟好朋友討論下禮拜要畢業旅行的安排，都會讓彼此感到興奮和期待。

如何練習應對技巧？

要擁有良好的互動關係，不論是在朋友間、家庭中或是班級中，只要用心去留意自己與對方的說話方式，便能夠帶來很大的改善。雖然如此，在真實生活中我們卻常常會因為不耐煩，或者是因為趕時間就隨便回應一兩句，甚至是遇到一個自己很討厭的人時，就不小心使用了主動破壞或被動破壞等不好的說話方式，那我們該怎麼辦呢？

其實要做到在生活中的對話都充滿「主動回應」是很困難的，即使是那些建議我們要多利用主動回應的心理學家也是如此。因為若要讓對話中充滿好的回應，是需要時時刻刻花心思去觀察自己講話的方式，更需要花費大量腦力去思考怎樣的回應才會讓對方覺得尊重，怎樣的回應則會傷害到對方。不過我們確實能夠透過一些簡單的方式來練習：

一、觀察彼此。當發現自己正在破壞對話時，就要立刻提醒自己換方式回應。

二、眼神。在對話時，練習與對方眼神交流，讓人感覺到自己有認真聆聽。

三、參與。若不知如何回答，至少要讓對方覺得自己有心參與對話，例如禮貌的問對方「我有點不懂，能再舉例嗎？」

如果確實照著上述的方法來練習，會發現在剛開始的對話是很累的，因為必須要花很多心思在觀察及思考上，不過一旦我們習慣用這種回應方式，將會發現每一段對話都是有趣的，而如此我們與他人的關係必定能夠更加靠近！

擺對姿勢，讓你更有信心

——行為的宣言

等待了將近兩個月，未來電影臺終於播出最新一季的《高校超人》——劇情是以高中生為主角，透過政府祕密組織培訓後，進而成為拯救世界的超人。這個消息立刻成為學生間的熱門話題，當然小李與阿新也不例外……

「昨晚你也有看《高校超人》，對吧？」阿新模仿著昨晚在電視臺看到的超人英姿，想像自己正在打爆邪惡的主任。

「有啊，不過我對他要變身時比出的動作有點反感。」小李作勢要嘔吐，表達他對超人的厭惡。

「哪會？明明就很經典！」

「才怪！超老派的，他把手伸那麼高要幹麼？是要舉手發問嗎？」

姿勢大不同

想像一下，如果有天換你來當英雄的話，剛出場時會想擺出什麼姿勢呢？也許是像「鋼鐵人」擊地蹲姿的招牌動作，或仿效「航海王」魯夫高舉雙手等等。這些姿勢只有耍帥的功能嗎？或是有可能因為擺了帥氣的姿勢，自己就變帥氣起來了？先不管動作是帥是醜，根據過往的心理學研究顯示，心理與身體反應是相互影響的，心理狀態會影響你的身體，例如失落時就會垂頭喪氣、開心時就會走路有風。但反過來說，肢體姿勢也可能會影響著我們的心理狀態，有些姿勢動作會讓我們更有精神，相對的有些姿勢會讓我們變得沒自信。

高雄醫學大學心理學系林宜美教授做過一項研究，他們找來一一〇個學生，分別讓他們進行無精打采行走及手腳擺動跳躍的姿勢，各進行二～三分鐘後，請這些同學評估一下自己的主觀能量程度。

結果發現，手腳擺動跳躍的人都表示這麼做之後變得比較有精神了，也比無精打采行走要好得多，可見只要走路蹦蹦跳跳就會覺得比較有元氣。他們也發現，如果本來就是比較憂鬱的人，那麼用無精打采的走路姿勢後會覺得更沒有精神。因此，越是精神不好時，就越要用有精神的方式走路，千萬別垂頭喪氣的走路，不然會越來越沒精神喔！

為什麼不同的姿勢，會對心理有不同的影響呢？美國哥倫比亞大學的達娜・卡尼（Dana R. Carney）教授想知道動作是如何影響自信心及能量，她推論不同動作會產生不同的自信心，這跟體內所分泌的荷爾蒙有關。身體裡有許多種荷爾蒙，每種都會影響著我們的行為及感覺，其中有跟自信心最為相關的睪固酮與皮質醇。當體內的性荷爾蒙睪固酮濃度較高時，人們的行為就會傾向於冒險，也就是行為上看起來會較勇敢、積極。另一個壓力荷爾蒙皮質醇較少的話，則會使人較有能量來應付各種事件。

卡尼教授的研究發現：當人做了不同的動作後，會讓體內荷爾蒙有所改變，進而使人覺得更有信心與能量。她找了兩群學生來測試，分別請他們做出高能量與低能量的動作，高能量是要做出「嚣張大哥的坐姿」——把雙腳伸直翹在桌上，同時將雙手枕在後腦勺；以及「大老闆的站姿」——站立在桌子旁，並做出拍打桌面的動作。另一種低能量則是要做出「反省的坐姿」——雙手輕握放在大腿上，同時低頭向下看；以及「好害怕的站姿」——站立且雙手緊抱胸前，頭低並往下看。

結果發現，當做出高能量動作時，他們體內讓人傾向冒險的睪固酮也會因此上升，同時壓力荷爾蒙則會下降，並且會覺得此時的自己是比較有能量的；相反的若做了低能量動作，則會使睪固酮降低，壓力荷爾蒙上升，也會覺得比較沒那麼有能量。

看看你左右

身體與心理是互相影響、密不可分的兩個部分，透過觀察日常生活中的你我他，我們很容易就能夠理解心理是如何影響身體的表現，例如緊張時我們會傾向將身體緊縮，肌肉的呈現比平常還要緊繃；在悲傷憂鬱的時候，會把自己蜷縮起來躲在被子裡；當我們贏得比賽或是聽到好消息時，則會揮舞四肢彷彿體內充滿一股能量要爆發出來。

相反的，當說到身體是如何影響心理的時候，卡尼教授的研究就是一個很好的例子，透過模仿「囂張大哥」的坐姿，會讓參與者的心理覺得更有能量；當我們做出「反省的坐姿」時，則會讓參與者的心理覺得比較缺乏能量。

這背後有一個有趣的地方，那便是荷爾蒙所扮演的角色。荷爾蒙不僅會隨著身體狀態而改變，例如在做高能量動作時，讓人更冒險的睪固酮會提升；荷爾蒙也會受到我們的內心想法、感覺、心情所影響，當我們感到沮喪憂鬱、感到壓力時，則會使得皮質醇（壓力荷爾蒙）提升。因此荷爾蒙就像是一條牽動心理與身體的紅線一樣，讓兩者隨時隨地都在連動著彼此。

生活中的啟示

從上述的分析，相信讀者也會感到很樂觀，當我們心情不好時，除了可以從內在想法、想開心的事情等方法來試著改變以外，另外還有一個選擇，那就是透過外在的肢體動作來使自己的心情變好。所以如果再遇到讓自己很沒信心的人事物時，稍微改變一下自己的坐姿、站姿、甚至是刻意輕快的蹦蹦跳跳，都會帶來意想不到的感覺喔！

小時候長輩總是會叮嚀坐要有坐姿、站要有站姿，當時或許不覺得很重要，這樣看來不同的姿勢除了傳達出外在觀感外，還藏著這樣鮮為人知的道理呢！當發覺自己一直垂著頭或心情不好的時候，不妨改變一下姿勢，抬頭看看遠方、看看天空，試著微笑，或許會帶給自己不一樣的心境和不一樣的能量感受喔！

專心做事，是快樂的不二法門

——不分心最開心

媽媽最近迷上園藝，常常看她在陽臺照顧盆栽。
我們兄弟則是熱中研究棋藝。
不過……
咦？這麼晚了嗎？
太專心的後果，就是忘了煮飯跟吃飯。
我們來煮水餃吧！

距離開學只剩下三天了，小李的作業卻還有一大堆沒做，在無路可退的情況下，他決定要拚了！

先拿起作業本，瀏覽一下題目，「啊！難的就不管了！我還是先從最簡單的開始好了……」

「第一題：我未來的志願是什麼？」

「嗯……如果我可以成為超級英雄的話，那來當個鋼鐵人好了，有錢又帥氣……可是感覺成為蜘蛛人也不錯……啊算了，還要先被蜘蛛咬過！那來當個雷神好了……不過當英雄要隨時準備救人，說不定連上廁所時還要被緊急呼叫，真是太麻煩了！那當電玩高手好了，不但可以一直玩遊戲，還可以賺到錢……啊，突然有點渴，來去冰箱看看有什麼好喝的……」

「噢！天啊！一小時就這麼過去了（哭哭）我還是趕快認真做作業好了！」

人在心不在

讀者大概都經歷過，有時候想要好好做一件事，腦袋卻一直唱反調；明明應該要專心把這章節讀完，心裡卻一直在想著後天要去玩的情景；難得跟好朋友約了一起吃飯，本來應該要好好敘敘舊，卻一直想著還沒完成的作業。這種無法專心於現在，會想到其他事情的現象稱為「心思飄移」（mind wandering），也就是我們常說的心不在焉，它不只會降低我們的做事效率、打壞人際關係，甚至還會讓我們變得比較不開心喔！

二〇〇九年哈佛大學博士生凱林斯瓦（Matt Killingsworth）很想知道「心思飄移」會不會影響我們的情緒，因而利用其在大學主修的工程專長開發了一套手機軟體，名稱叫作「追蹤你的快樂」。安裝軟體之後它會在你醒著時不定時的發送訊息要求回答一些簡單的問題，想知道你在那個時候做了什麼事情、有哪些想法及感覺。問題的內容如下：

一、你現在的感覺如何？

用〇～一百分來表示自己現在的感受，〇分代表收到訊息時，你的心情很不好；而一百分則代表很好。

二、你現在正在做什麼？

從二十二類事務中，包括工作、運動、吃飯等，選出一項符合自己的情況。

三、除了現在正在做的事，是否想到其他的事情？

回答有四個選項，包括：我沒有想到其他事、我想到了其他快樂的事、我想到了其他一般的事、我想到了其他不快樂的事。

凱林斯瓦將資料分析過後發現，大多數的人非常容易出現心不在焉的情況，調查中大約有一半的狀況人們是不專心的。而專心做事的人情緒會比較好，做事越是心不在焉的人相較來說會比較不開心，即便分心想到的是快樂的事物，卻還是沒有比專心做事的時候來得開心。

心思飄到哪裡去？

為什麼「心思飄移」會讓人比較不開心呢？同時可以想幾件事不是很好嗎？個中原因可以追溯回演化的需求。在遠古時代還沒有房子、武器等保護措施時，為了要生存下去，因此我們必須先注意那些不好的警訊，像是突如其來的大聲響（爆炸）、閃爍而過的黑影（躲在草叢中的毒蛇猛獸）等等。即使已過了幾十萬年，科技發展足以保護我們的日常生活了，但我們腦海裡的運作模式已經設定好，必須先去注意那些可能會帶來威脅、危險的事物。所以在心思飄移時，腦袋常想的是那些讓我們擔心的事物，像是下禮拜要考試、好朋友突然不理我、零用錢變少了怎麼辦等等。

這麼看來，心思飄移的現象並不好，會讓人變得較不開心，所以要盡量避免嗎？不過，人的腦袋是很奇妙的，有不好的一面就常會有另一面是好的，心思飄移還是有好處的哦！試著想想，當我們困在一個難題上怎麼解都解不開時，都是怎麼做的呢？大部分的時候我們會先休息一下去做別的事情，甚至是出門散步、運動一下，讓原本被問題困住的心思有機會飄到別地方去。說也奇怪，只要放下對問題的執著不再鑽牛角尖，通常都會有意想不到的主意浮出來，甚至因此幫助我們解決了難題。

既然有好有壞，到底我們該不該讓自己處於這種心思飄移的狀態呢？很簡單，就像我們在學校上課一樣，認真上課一段時間後就要下課休息。讓自己可以專注於手邊的工作一段時間，就算是碰到難題也不要放棄，認真去思索。接著安排一段休息時間讓自己放鬆一下，也讓眼睛休息一下，此時就允許大腦去飄移一下，不僅會有休息效果，說不定還可以激發創造力，輕鬆的想出解決問題的方式喔！

所謂「心流」

你曾經全心投入在某件事嗎？

心理學家齊克森米哈里（Mihaly Csikszentmihalyi）曾經訪問過許多人，想知道在哪一種情況下他們是比較滿足、快樂的，他整合了訪談結果發現：當我們處在一種極為專心、投入的狀態時，心理就會有高度的滿足感，這就稱作「心流」的經驗。

當我們處在心流狀態時，是完全專心一致的，即使旁人吵雜也會試著去忽略，正在做事情的我們會充滿動力甚至覺得興奮，就如同成語中所說的「廢寢忘食」，當下完全不會感覺到時間的流逝。許多畫家、作曲家、科學家、僧人等都曾經形容處於心流狀態時，他們的腦袋中自然而然的就流出了許多想法及靈感，而事情就在不知不覺中很順利的完成了。

專注投入的小步驟

從上述的分析可知，心思飄移和專注在事物上都能夠給我們帶來好處，至於要如何才能讓自己更專注呢？我們可以透過一些步驟：

一、認清誘惑

當發現自己無法專心時，我們可以試著先觀察目前正面臨的是哪些誘惑。譬如在寫作業時媽媽正好在煮晚餐，那香噴噴的味道讓你無法專注；在跑步時感覺腳好痠，無法再繼續跑下去，在這兩個情況下，飯菜香和腳痠就是讓你無法專注在當下的誘惑。

二、重新評估目標

當看清了誘惑之後，接下來就是重新評估目標。若聞到飯菜香時，肚子正好也餓了，此時若要再繼續做作業下去可能只會越來越分心，因此要重新評估自己現在的狀態，若還是不太餓，就找一個遠離香味的地方繼續寫作業；若是餓了的話，就乾脆先吃點東西，才不會肚子餓得無法專心。

三、集中注意

確定目標後就要努力讓自己專注了，這過程中雖然很有可能會再度出現分心的狀態，不過我們已經變得不一樣了，因為有了很明確的目標，例如這個目標是要跑下去，那麼再出現腿痠的感覺時，就要讓自己放慢腳步、練習去忽略那個感覺，將心思放在向前跑的下一步！

如何能使自己有更強大的專注力呢？以下提供一個小方法，可以透過觀察自己的呼吸做起。因為呼吸是無時無刻都存在的，只是我們通常不會去察覺，要練習專注力，它當然是最好的選擇之一。當你發現自己沒有專注在呼吸，腦袋裡開始出現不相關的想法時，恭喜你已經向前邁進一步了，因為這表示注意到心思飄移了，接下來就是要重新將注意力放回呼吸上。如此反覆的練習，每天只要練習五至十分鐘，持續練習後會發現專注的時間漸漸變長，心思也不太會飄移時，那就表示你的專注力有明顯的提升了，連帶的在其他方面如看書、運動等的專注力，也都會隨著提升喲，每天找一小段空檔來練習看看吧！

越是禁止，越想去做！
——白熊效應

小新手裡拿著巧克力和一張卡片，準備跟喜歡的女生告白。她走了過來，心兒蹦蹦跳，鼓起勇氣大喊一聲：「小美，我喜歡妳！」

沒想到，馬上就被小美拒絕了。

「我再也不要想起她了……」雖然小新一直這樣告訴自己，但是腦袋裡卻好像無法停止想起小美，還有那種被拒絕時的難過感覺。

教我如何不想他

我們可以經過反覆的練習，持續記一件事物來把它記得牢牢的，但要是反過來，想把一件已經記得的事給忘掉，這會比較容易嗎？其實很難，真的很難！不但沒辦法把事物輕易的說忘就忘，甚至你越告訴自己要忘記要忘記，就偏偏越無法忘記，這種特性就稱為「白熊效應」。為什麼會這樣呢？

心理學家韋格納（Wegner）在一九八七年做了一個實驗，他將參加實驗的參與者隨機分派到三個組別，並給予這三組不同的任務：

他請第一組的人要先「不要想到白熊」，五分鐘後再告訴他們「請想白熊」；第二組則是先告訴他們「請想白熊」，五分鐘後再請他們「不要想到白熊」；第三組則是先要求他們「不要想到白熊，萬一想到白熊時，請想紅色的汽車」，五分鐘後，再告訴他們「請想白熊」。所有參與實驗的人要是有想到白熊的話，都要立刻按鈴一次，用按鈴次數來測量他們想起白熊的次數。

實驗的結果很有趣，越是不准他們去想白熊，他們越是忍不住會去想！被告知不要想到白熊的人，反而無法壓抑白熊的想法，按鈴的次數會比起可以自由想像白熊的人還要多。除此之外，第一組的人一開始被禁止想白熊，等到五分鐘後可以想白熊時，會出現「反彈現象」，也就是說他們想到白熊的次數會大幅度增加。而第三組的人想起白熊時就立刻改想紅色的汽車，有了這個方法後，他們反彈的現象就降低了，也就是想起白熊的情況就減少許多。

從這個結果可以知道，當我們越認真要壓抑腦袋裡的想法時，反而越容易想到，越無法克制住想法的出現。所以當我們越不想回憶起以前的傷心回憶，越是容易想起；失眠的時候越擔心自己睡不好，就會越容易失眠。此外，當我們越是刻意要壓抑，反而會出現反效果，使那些我們不願再想起的想法更加強烈的浮現。

越叫我別做，我就越想做！

英國著名的文學家莎士比亞，在他舉世聞名的經典戲劇作品——《羅密歐與茱麗葉》中，敘述羅密歐與茱麗葉是一對深深相戀的情侶，但是兩人之間卻因為雙方家族不合，遭到百般阻撓和破壞，逼迫他們分手。但這些阻礙卻沒使他們放棄對方，反而使得他們更加相愛。在中國也有梁山伯與祝英台的故事，同樣描述了一對戀人因為家人的反對而讓彼此的感情越加堅定。

為什麼不被認可的感情，會越來越穩固？

一九七二年，德里斯柯爾（Richard Driscoll）、戴維斯（Keith Davis）和利佩茲（Milton Lipetz）這三位心理學家透過問卷調查，詢問情侶之間對彼此的感覺、感受到對方多少愛、彼此的信任程度，以及彼此父母是否反對這段感情等問題，就是想了解這種被禁止的戀情是不是真的會更加堅定。

結果發現確實如此！當情侶間彼此的父母反對程度越大，情侶對這段感情的滿意程度就會越高，正如羅密歐與茱麗葉一樣。因此這個研究的結果，就借用了莎士比亞的經典名著來形容，叫做「羅密歐與茱麗葉效應」。

如果戀人們的父母對戀情干涉越多，那雙方就會越珍惜彼此，反而使感情進展得更穩固和迅速，這種效應並不只會出現在愛情裡，同樣的也會發生在日常生活許多小事情中。像是當我們很想吃冰淇淋，卻被父母以健康為由禁止吃冰時，會使得我們對冰淇淋的渴望越加強烈，更加想吃冰淇淋。對於越被禁止、難獲得的事物，在人們的心目中地位越重要，價值也會越加提高。

這也像是「白熊效應」，越禁止去想的事物，就越難忘記。沒錯，這就是人的天性！「羅密歐與茱麗葉效應」除了因為會自主的常想起之外，還有一些其他的心理因素，例如當人們被迫作出自己不喜歡的選擇時，會產生一種抗拒的心理，使他們偏偏要作出相反的選擇，並對自己所選擇的事物感到更加的喜愛。另外一種解釋則認為，人們天生就不喜歡受到他人的限制，當自由受到限制時，心裡會產生不舒服的感覺，而當從事被禁止的行為時，就可以舒緩這種不舒服的感覺，於是會採取反抗的行動，同時也爭取自己的自由。

這樣看來，人真是天生反骨啊，教你忘記卻偏偏記得牢牢的，教你不可以做的事卻偏偏要去做。既然告白被拒絕了，卻還一直想起被拒絕時的難堪，那真是太痛苦了。該怎麼辦呢？別擔心，在剛剛的實驗中就有方法，當不要刻意不想到白熊時，實際想到的次數反而會較少，所以當我們不希望想起某件事時，最好的方法是不拒絕，但也不主動去想，就算想到也沒關係。除此之外，實驗中也發現用紅色汽車來取代白熊的聯想，也能夠減少反彈的效果，想起白熊的次數一樣會變少。所以，如果失戀了或是發生什麼挫折的事，不用刻意壓抑內心的痛苦想法，就好好痛哭一場吧！或是找點其他的事情做，想點其他事把注意力轉移，這樣也能夠讓我們早點走出不愉快的傷痛。

那被禁止的事情該怎麼辦呢？在學校或班級裡，常常訂了許多校規或班規，但反而會有反效果，禁止學生從事某種行為，學生就越想去打破規定。一味的禁止並無法發揮太大的功效，反而使得孩子更想要反抗。因此需要透過溝通和適度的放寬限制，讓孩子能夠了解為什麼被限制，甚至讓他們擁有替自己做決定的機會。當他們覺得自己可以參與決定規則時，就會比較願意遵守，畢竟那代表了一種承諾，如此就會有更好的成效了！

獎勵越多，就會表現越好？

——獎金與壓力的槓桿原理

如果我們給一個人的獎勵越大，那麼他的表現會不會更好呢？學校老師會以積點的方式要學生有良好的表現；在家裡爸媽可能會用你最想要的玩具來激勵你考高分；出了社會後，老闆則用額外的獎金來鼓勵員工做出業績。生活中可以看到許多這種以獎勵來激發表現的情形，往往也非常有效。我們很自然的認為當獎勵夠大時，人的表現肯定會更佳，所以十萬塊的獎金比兩千元的獎金更能激勵人，一臺賓士車更勝一輛自行車，但獎品越來越好，我們的表現真的就一定能更好嗎？心理學家發現這一切並非如我們想的那麼簡單！

顛覆預期的結果

心理學家最常採取的方式，就是去觀察生活，並從人際互動的細微差異來作驗證，或是針對社會上的流行時事來反思其背後原因，而結果往往顛覆了我們原先的預期，發現人心是很複雜的，總會有許多意外的結果產生，甚至是違反直覺的情況！

美國杜克大學心理學及經濟學家丹・艾瑞利教授（Dan Ariely）從生活時事中延伸出一項有趣的研究。約在二〇〇八年時，全世界都面臨了金融海嘯，許多知名的投資機構無預警的倒閉，導致成千上萬的家庭，畢生的積蓄瞬間化為烏有。而在這樣的悲劇之下卻藏著一個奇怪的現象，那些破產倒閉機構的執行長們表現是差勁透頂，但他們卻始終領著豐厚的薪水。照理來說，那些領著超高薪水的人應當是表現得最好的，但事實卻並非如此，他們的錯誤決策造成全球經濟的大崩壞。因此艾瑞利教授決定展開一連串的實驗，想深入了解背後的原因。

艾瑞利教授做的實驗假設，便是去看不同程度的獎勵（高、中、低）會產生如何的表現（好、壞），如果依照先前我們的直覺，應是獎勵越高，激勵的表現越好；但若從金融海嘯中所觀察到的現象，卻大大違反了我們的直覺，因此作實驗便是釐清這個矛盾點的最好方法之一。

開始做實驗！

實驗是這樣進行的，艾瑞利教授提供參與者三種不同金額的獎金，當參與者到達實驗場所後，就會被分配到以金額高低來區分的其中一組，高額獎金相當於參與者五個月的工資（他們選擇到印度鄉下做實驗，一個月的工資約為新臺幣一千七百元）；中額獎金則相當於兩週的工資（約為一百四十元）；至於低額獎金則僅有參與者一天的工資（約為十元）。

接著藉由要求進行一些小小的任務，來分辨參與者的表現是好是壞。任務從最簡單的雙手運用到較難一點的大腦思考都有，像是請參與者試著用木棒把球滾上小斜坡、做一些記憶數字的遊戲，甚至是需要用到更多腦力的迷宮任務等等。大家要做的任務其實都一樣，只是會依照一開始被隨機分配到的高中低組來分配獎金。

實驗結果竟出乎大家的意料之外，當被告知表現好所得到的獎金越高時（相當於五個月工資），越會影響參與者的任務表現狀況，不論做的是只需要簡單利用雙手的任務，或是更進一步要用腦力的記憶任務皆如此；而表現最差的，正是那些有機會得到最高金額的參與者！

藏在獎勵背後的祕密

這樣出乎意料的結果，或許可以說明金融海嘯中的怪象，那些原本預期可以利用超高獎金激勵的投資公司執行長們，卻因為獎金太高而影響了表現的能力。但到底是為什麼呢？艾瑞利教授對此現象作出了推論，他認為正是因為獎金太高，給予那些人過多的壓力，當他們意識到自己有可能會拿到如此豐厚的回饋時，便同時產生壓力，提醒自己一定要表現好，否則會失去很多很多，而這樣的壓力便讓那些有機會得到高額獎金的人表現失常，甚至是表現得更糟糕。

另外也有學者提出對壓力與表現之間的理論，他們認為：當給予一個人適當壓力時，確實能夠激發好的表現，不過當壓力太過巨大，結果卻會完全相反，變得比不給予壓力時的表現還要糟。因此那些頂尖投資公司的執行長們以及印度鄉下參與實驗的人們，在有可能取得高額獎金時的表現會如此出乎意料的糟，其背後的原因或許正是因為獎金太高而帶來的巨大心理壓力呀！

從上述的結果及推論，我們應當了解當在一個組織團體中，如果自己是那個發獎金的人，請記得給予獎金固然是激勵表現的方式之一，但千萬不要以為獎金越高就必能激發人越好的表現，因為可能給予你的員工太大的壓力。畢竟如果一個人被告知可以因為表現好得到一百萬元，與得到一千元獎金相比，那心中的壓力是不能互相比擬的，光是害怕自己因為出差錯就失去一百萬元的那種小心翼翼，就可能影響了表現品質。

而換個角度，如果我們正是那個面對高額獎金激勵的人，要如何減輕自己的壓力，維持一貫的表現呢？唯一的方法，就是試著讓自己不要太在意獎勵的得失，也就是要記得那些只是「額外」給予的獎勵，並不是自己必然會得到，也不是理所當然該得的呀！

國家圖書館出版品預行編目資料

神奇的心理學／蔡宇哲、洪群甯作；--初版．
--臺北市：幼獅，2015.11
面；　公分. --（科普館；6）
ISBN 978-986-449-022-6（平裝）

1.心理學　2.通俗作品

170　　104020778

・科普館006・

神奇的心理學

作　　者＝蔡宇哲、洪群甯
封面繪者＝手路 Chiu Road
內文繪者＝茶茶
出 版 者＝幼獅文化事業股份有限公司
發 行 人＝葛永光
總 經 理＝王華金
總 編 輯＝林碧琪
主　　編＝沈怡汝
編　　輯＝白宜平
美術編輯＝李祥銘
總 公 司＝10045臺北市重慶南路1段66-1號3樓
電　　話＝(02)2311-2832
傳　　真＝(02)2311-5368
郵政劃撥＝00033368

印　　刷＝崇寶彩藝印刷股份有限公司
定　　價＝250元
港　　幣＝83元
初　　版＝2015.11
八　　刷＝2023.07
書　　號＝915025

幼獅樂讀網
http://www.youth.com.tw
e-mail:customer@youth.com.tw
幼獅購物網
http://shopping.youth.com.tw

行政院新聞局核准登記證局版臺業字第0143號
有著作權・侵害必究(若有缺頁或破損，請寄回更換)
欲利用本書內容者，請洽幼獅公司圖書組(02)2314-6001#234

幼獅文化公司／讀者服務卡／

感謝您購買幼獅公司出版的好書！

為提升服務品質與出版更優質的圖書，敬請撥冗填寫後（免貼郵票）擲寄本公司，或傳真（傳真電話02-23115368），我們將參考您的意見、分享您的觀點，出版更多的好書。並不定期提供您相關書訊、活動、特惠專案等。謝謝！

基本資料

姓名：__________先生／☐小姐

婚姻狀況：☐已婚 ☐未婚　職業：☐學生 ☐公教 ☐上班族 ☐家管 ☐其他

出生：民國__________年__________月__________日

電話：（公）__________（宅）__________（手機）__________

e-mail：__________

聯絡地址：__________

1.您所購買的書名：**神奇的心理學**

2.您通常以何種方式購書?：☐1.書店買書 ☐2.網路購書 ☐3.傳真訂購 ☐4.郵局劃撥
（可複選）☐5.幼獅門市 ☐6.團體訂購 ☐7.其他

3.您是否曾買過幼獅其他出版品：☐是，☐1.圖書 ☐2.幼獅文藝 ☐3.幼獅少年
☐否

4.您從何處得知本書訊息：☐1.師長介紹 ☐2.朋友介紹 ☐3.幼獅少年雜誌
（可複選）☐4.幼獅文藝雜誌 ☐5.報章雜誌書評介紹__________報
☐6.DM傳單、海報 ☐7.書店 ☐8.廣播(　　　)
☐9.電子報、edm ☐10.其他__________

5.您喜歡本書的原因：☐1.作者 ☐2.書名 ☐3.內容 ☐4.封面設計 ☐5.其他

6.您不喜歡本書的原因：☐1.作者 ☐2.書名 ☐3.內容 ☐4.封面設計 ☐5.其他

7.您希望得知的出版訊息：☐1.青少年讀物 ☐2.兒童讀物 ☐3.親子叢書
☐4.教師充電系列 ☐5.其他

8.您覺得本書的價格：☐1.偏高 ☐2.合理 ☐3.偏低

9.讀完本書後您覺得：☐1.很有收穫 ☐2.有收穫 ☐3.收穫不多 ☐4.沒收穫

10.敬請推薦親友，共同加入我們的閱讀計畫，我們將適時寄送相關書訊，以豐富書香與心靈的空間：

(1)姓名__________e-mail__________電話__________

(2)姓名__________e-mail__________電話__________

(3)姓名__________e-mail__________電話__________

11.您對本書或本公司的建議：

廣　告　回　信
臺北郵局登記證
臺北廣字第942號

請直接投郵　免貼郵票

10045　臺北市重慶南路一段66-1號3樓

幼獅文化事業股份有限公司 收

請沿虛線對折寄回

客服專線：02-23112832分機208　　傳真：02-23115368

e-mail：customer@youth.com.tw

幼獅樂讀網http：//www.youth.com.tw

幼獅購物網http://shopping.youth.com.tw